# 貧富差距的經濟學

一個財富爆發
但分配不均的世界

# Analysis of Income Inequality

Globalization,
Technological progress
and Money Supply

Joe Zhankan Li
李湛忻——著

謹以此書獻給已逝的外公楊文光

此書的一部分寫於陪伴外公臨終前的病床旁

This book is dedicated to the memory of

my late grandfather Wenguang Yang.

Part of this book is written next to the sickbed during his final days.

# 推薦序

Foreword

在法國經濟學家皮凱提（Thomas Piketty）二〇一三年的暢銷書《二十一世紀資本論》之後，貧富差距問題的根源在世界各國再次引起廣泛的關注和討論。在皮凱提的書中提到「r＞g」這個概念，認為資本報酬率（r）大於經濟成長率（g）是歷史中經濟發展的常態，放任資本主義發展只會令貧富兩極化。儘管由於上世紀全世界經濟的快速發展，物質的豐盛讓許多人產生了經濟不平等已不再存在的錯覺。但近年來許多國家都出現了貧富差距擴大的現象，甚至連帶造成了民粹主義的興起，讓我們必須重新認真的去思考及探索貧富差距問題的根源。

湛侃是臺大管理學院Global MBA的校友。他雖根源於珠江三角洲，卻在荷蘭成長，後又因緣際會於日本企業工作。他初入Global MBA時，我對他的第一印象是精通六種語言（中文、英文、廣東話、荷蘭語、日文以及德文）的颯爽青年。隨著課程進展，他又積極參與校內外各項國際活動，例如接下Global MBA學生會要職、擔任台大管院與紐約大學商學院締約典禮主持人、挑戰亞太地區商學院沙漠挑戰賽（簡稱亞沙賽）、與臺北捷運路跑……等，讓我見識到他的多才多藝，以及不替自己設限的人生觀。

臺大管理學院最獨特之處，就是多元文化融合。我們每年接受世界各國菁英申請，自二〇〇六年成立以來，整體師生來自全球五大洲五十多個國家，而湛侃本身即是極佳代表之一。他的外祖父是廣州知名文人溫廣，歷經時局動盪，撰文以春秋之筆抒悲憫情懷，留後代刻骨銘心之追憶。湛侃承繼家學淵源，以他在Global MBA完成的論文為本，在台大管院一〇四年度科技部吳大猷先生紀念獎得主郭佳瑋教授的指導下，出版此書。針對全球各國貧富差距的問題，分析多個國家的數據。從全球化、貨幣供應及科技發展等不同的面向，對貧富差距問題提出獨到的見解及觀察，值得學界和業界的朋友們深思及進一步探索。身為臺大管理學院國際事務副院長的我，很高興有機會為本書寫序，也深為這位優秀的Global MBA校友感到驕傲。

臺大管理學院副院長／陳家麟

# 前言

Introduction

關於貧富差距的思考，我想先和翻閱本書的讀者分享以下的一個故事。英國首相柴契爾夫人（Margaret Thatcher）在一九七九年和一九九〇年間擔任英國首相，在位期間她對國家進行了大幅度的改革。柴契爾夫人一方面進行減稅政策，另一方面也打破當時英國的國家福利制度，同時也令許多國營企業私有化。打破福利制度讓社會最下層不再有最低收入保障，國營企業的私有化也令許多本來相對便宜的公共服務（如火車、教育、醫療等）漸漸加價。一方面，柴契爾夫人的政策為英國帶來繁榮，令其GDP不斷上漲，但另一方面也由於財富向上層累積，社會開始出現收入兩極化，窮者越窮，富者越富，基尼係數不斷飆升（Gini Coefficient）。一九九〇年柴契爾夫人卸任時，當時的工黨領袖問她，對於在她任內十一年英國國內貧富懸殊不斷惡化，柴契爾夫人是否應該向英國國民道歉。當時，柴契爾夫人的回答相當經典。她說：「就算在十一年的任內有貧富差距變大的情況，但不要忘記英國經濟在我的任期內蒸蒸日上。實際上財富和收入的增長令所有的英國人獲益。就連社會最底層、最窮的人的收入也有增加，只不過有錢人獲得更多而已。」

如果一個社會經濟不斷發展，而被創造出來的財富所得讓所有人都獲利，這大概並不是什麼壞事情。但請再仔細思考，柴契爾夫人為了追求經濟財富上增長，不顧國內貧富差距，這樣真的對英國的長期發展是有利的嗎？從貧富差距的面向而言，柴契爾夫人的談話至少突顯兩個問題。第一，社會的最底層的收入增加就一定代表他們的購買力也一起增加嗎？如果人民收入上升，但經濟增長帶來的通貨膨脹令物價上升更加快的話，那豈不是白忙一場？第二，一個社會如果貧富懸殊太過嚴重，朱門酒肉臭，路有凍死骨，處在社會下層的人民發現自己無論多麼努力都無法爬到上層，而收入距離只會越來越大的話，你覺得這個社會還會有努力生產的動力嗎？我們在研究經濟現象特別是貧富問題時絕不能只看平均數和總量，而忽略如何分配的問題和每一個個體的所得。就好像我們只看到美國的經濟產出總量與軍事實力是世界第一，卻遺忘了在許多美國大城市的角落裡生活著許多在貧窮線下的乞丐與問題青年。

既然我們不能無視社會中貧富差距問題，那麼你是否思考過，生活在這個地球的七十五億人口在近幾十年全球化的影響之下，財富到底是越來越平等？還是貧富差距越來越大呢？

一方面，主流媒體與學術界均大體偏向於前者。從二十世紀七〇年代開始，隨著全球化的深入及金磚五國的經濟發展迅速，在短短幾十年間其財富總量激烈膨脹，大大縮小了與先進國家的距離。以中國大陸為例，在文化大革命結束後改革開放初期的一九八〇年，中國大陸GDP（國民生產總值）總量只有二二六億美元，佔當時全球GDP總量的二％左右。但時至二〇一六年，中國大陸GDP已經超過十一兆美元，佔世界總量的一四％。如果對中美兩國進行比較，一九八〇年中國大陸的GDP只是美國的八％，而到了二〇一六年，前者已追趕至六〇％的水平。其他的金磚五國的狀況也是大同小異。

美國經濟學家泰勒．科文（Tyler Cowan）認為，全球化帶來的一大好處是國家與國家的流動變得越來越頻繁。其流動不僅僅是人的流動，更重要的是資本的流動。最近幾十年，歐美發達國家的資本家為了追求更大的利益，把資金投放在發展中國家。資本家們瞄準一些薪資相對低但教育水平較高的發展中國家，利用其低成本勞動力的優勢獲取利益最大化。對於發展中國家而言，外來投資帶來的除了投資資金的湧入外，更是民間財富的累積。工人們在外資工廠裡工作換取薪水，再用薪水進行消費，從而促進社會財富累積。慢慢地，這個模式甚至累積到出現民間資本，從而進行投資。這就解釋了為何發展中國家出現財富爆炸並且與已發展國家的差距縮小的原因。

但其實學術界中也不乏完全不一樣的聲音。的確，如果以GDP總量或人均

GDP，並只看某些如中國大陸和印度等的發展中國家的話，富國與這些國家的差距的確是有變小的現象。中國大陸在改革開放之後，每年的經濟增長都保持在至少五%以上，相反地，西方國家的GDP卻一直都保持在一%前後的水平。落後者追逐領先者好像是近幾十年的一個大勢。但如果細看每一個國家的狀況，便會發現完全不一樣的風景。再以中國大陸為例，政府在改革開放後對農村和城市進行雙重標準的投放，並以嚴格的戶口制度對兩地進行分割，其結果便是城市的少數人獲得的發展資源遠高於農村的多數人。另外，大陸政府壟斷發展資源，富起來的往往是與官僚系統有密切關係的相關者，這樣對財富分配不均情況更是雪上加霜。不僅僅是像中國的發展中國家，在發達國家中也出現收入差距拉大的情況。

以美國為例，若以一九八〇年作為基點，最富的一%的國民在二〇一三年實際收入，比一九八〇年增加了一九七%（接近三倍），但其他美國國民只增加了約五〇%左右，而最窮的二五%的人卻和一九八〇年的實際收入差不多，增長幾乎為〇。也就是說，最富的人變得越富，窮人原地踏步。台灣亦如是。其人均GDP在二〇一六年為二萬三千美元，相較於二〇〇七年的一萬八千升幅近二八%[1]。但這就代表台灣人真的變得有錢或購買力增強二八%嗎？在二〇〇七年台灣受僱者平均每月收入為三萬一千新台幣，而到了二〇一七年的今天也不過三萬七千而已，升幅不足二〇%。打工仔埋怨薪水多年未加，財富都跑去哪裡了不言而喻。

讀者是否覺得奇怪，同樣是關於全球貧富不均的討論，若從兩個不一樣的角度來看的話，得出的結論會完全相反。那到底事實是什麼呢？讓我們看一下基尼係數的數據再下判斷吧。

基尼係數（Gini coefficient）是現時最常用來判斷一個國家或地區貧富差距的客觀指標。基尼係數由〇到一，係數越大，代表貧富不均差距越大。圖1為全球基尼係數的走勢圖。數據期間是從一九六〇年到二〇一〇年。這個圖表把每一個國家的人均GDP視為一個觀察值（observation），如在二〇一六年台灣的人均GDP

為二二四五三美元而中國大陸為八一一三美元。此圖表根據每一年的觀察值算出其基尼係數。從此圖我們可以看出在一九六〇年和一九八二年之間，國與國之間的平均GDP不均相對平穩，並保持在〇．四七前後水平。但在一九八二年之後基尼係數迅速高攀至〇．五五，直至二〇〇〇年後開始下降到二〇一〇年的〇．五

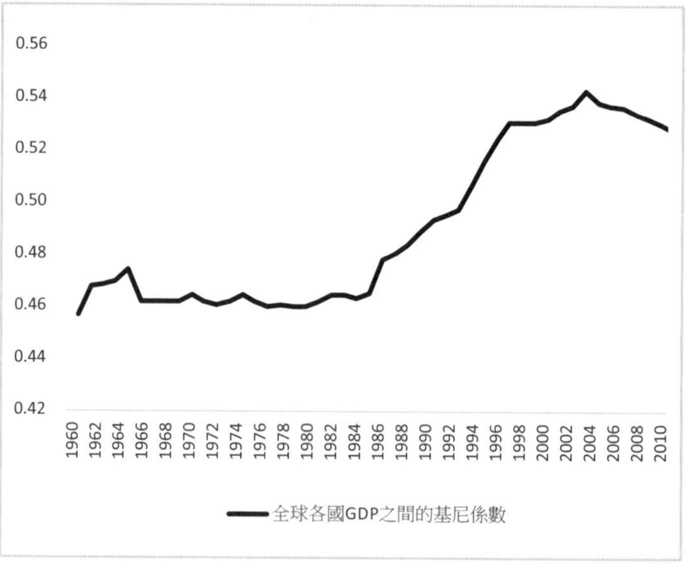


**圖1　全球各國之間GDP基尼係數**

Unweighted, 1 country = 1 observation, Data Source: Milanovic ( 2016 )

一水平，但貧富差距依舊比一九八〇年前高。

以上是國與國之間比較的數字，也就是說我們以國家為單位觀察貧富差距。以下我們要來看國家內部人與人之間的貧富差距。

至今為止，學術界雖然已經有用基尼係數來判斷全球所有人口的貧富差距的數據。但由於關於以全球所有人口作為單位的資料收集是從二〇〇八年開始，時間尚短而且數據不多，加上各國間有物價差異之難度，我們唯一能做的就是比較一個國家人民之間的收入差距。也就是說，我們很難去比較一個台灣人和一個巴西人的收入差距，但比較一個台灣人和另外一個台灣人的差距的話，會比較簡單可信。

圖2為一九六〇年到二〇一〇年美英中三國的基尼係數一覽圖。不難看出三國雖然貧富差距程度不同，但其發展趨勢卻大同小異。我們發現和之前國與國互相比較的基尼係數一樣，三個國家都在一九六〇年到一九八〇年期間保持相對穩定水平，但在一九八〇年之後漸趨惡化。

根據以上數據，我們基本上可以判定在一九六〇年和二〇一〇年之間的五十年，全球的貧富差距有總體呈現惡化的趨勢。無論是看全球國與國之間，還是關注在國內人與人的差距，我們都發現有貧者越貧、富者越富的現象。

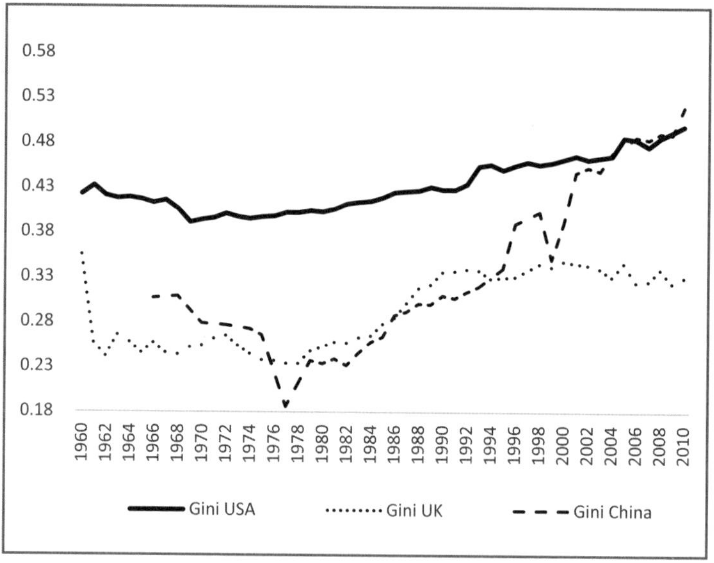


**圖2　美國（USA）、英國（UK）與中國（China）基尼係數走勢圖，1960-2010**

Data Source: Brandolini（1998）; US Census Bureau; OECD StatExtract; Jain（1975）; IFS, Inequality Spreadsheet March 9（2004）; Eurostat; Dowling and Soo（1983）; Chai and Chai（1994）; Bramall（2001）; World Bank Poverty Monitoring Database（2002）; Chotikapanich et al（2005）; Li Shi（2005）

那到底為什麼最近幾十年出現貧富差距惡化的現象呢？

本書從三個面向分析這個問題：全球化進程、科技發展和貨幣量化寬鬆。本書將依據在貧富兩極化開始上升的一九六〇年和二〇一〇年之間的數據，並把全球貧富不平等和國內人與人不平等的問題分開討論，抽絲剝繭分析出最近五十年貧富分化的根本原因。

但在我們討論其背後原因之前，讓我們先進入內文，來了解收入不平等的定義與其歷史吧。

## 目錄

第4章 未來狂想

## 附錄 165

Chapter 1

# 關於貧富不均本身的思考

## 1.1 貧富不均的本質

一般來說，我們對於貧富不均的批判有以下幾點。

**第一**，極度貧富不均會增高社會不安的風險。渴望與追求公平乃人性核心的一部分。西周的孔子便在論語中說過人是「不患寡而患不均」。即便在全民收入都在增加的情況下，如果其分配不平均的話一樣會出現民怨沸騰的情況。為什麼我們會對不公平這個現象如此的反感呢？根據心理學的期望理論（Expectancy Theory）[2]，一個人是否感到幸福和感到滿意，關鍵不在於他得到了多少，而是最後得到的比原先期待的多還是少。例如在索馬里這種極度貧窮，基本上沒有社會上層的國家，我不會懷疑他們的幸福度會比許多發展中國家的人來的高。由於這些非洲國家長期缺乏物資，其國民的生活基本上每個人都一樣窮。由於週邊的人都一樣，非洲的人對於物質的欲求就不會產生很高的期待。一碗小米粥或一塊小麵包也許就能為他們帶來滿足。相反地，在一些物質豐盛的已發展國家，雖然許多國民不愁吃不愁喝，但由於國家大部分的財富都掌握在少數人的手裡，底層的人民看在眼裡，怎麼能不眼紅？大家生活在同一個國家、地區，為何那些富人可以朱門酒肉臭，而底層卻路有凍死骨？富人的存在提高了底層對於收入財富的期待值，但卻感覺永遠達不到，從而感覺不甘。當負面情緒不斷累積，便會對社會體制帶來衝擊。

**第二**，貧富差距也會對經濟發展不利。根據經濟學的「邊際消費傾向理論」（Marginal Propensity to Consume, MPC）[3]，假設一名富人和一名窮人同時獲得一筆錢，因富人本來就富有，一般而言，他們會偏向於把相對大部分的錢進行儲蓄，而窮人則偏向於消費。換一個角度來說，如果一個欣欣向榮的經濟體是貧富不均極端嚴重的話，富人會得到大部分的新增財富，但其大部分會用來儲蓄。也就是說，貧富兩極化會拖慢財富累積的「乘數效應」（Multiplier effect）[4]，從而減弱之後經濟發展的後勁。圖3就是邊際消費傾向理論的概念圖。

**最後一點**，貧富極度不均會切斷社會上升階梯（Social Ladder），阻礙經濟體中每一個個人的創造性和工作動力。試想一下在一個極度不平等的社會，明知自己如何努力都無法翻身攀爬到社會上層的話，大家依然會拼了命去工作生產嗎？

我在這裡所提倡的不是共產主義所主張的絕對收入和財富平等。反之，筆者認為共產主義所追求的絕對平等，希望人可以

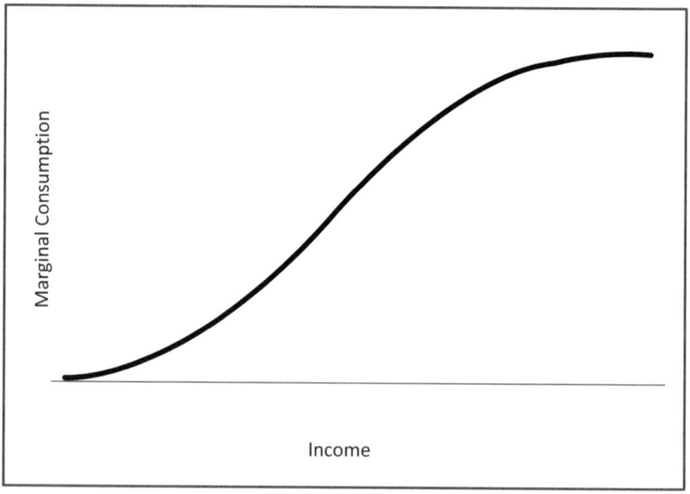


圖3　在不同收入情況下的邊際消費率
（MPC, Marginal Consumption）

不計勞動付出也能獲得一樣多，是違反人性的。相反，適當的收入不平等也許偏偏反應了社會公義與公平。一些右派經濟學界便認為公平並不體現在一個人得到了多少，而是每個人是否有公平的機會去追求財富。如果每一個人都有公平機會去工作換取收入，多勞多得，付出更多的人獲得的財富收入也越多，這不也是一種公平正義的表現嗎？

筆者認為，貧富差距會真正成為問題，是在當兩極化嚴重到超過某個程度，令社會階梯固化，從而令許多國民將不再認為自己也能靠努力爬到上層，又或者妨礙到社會與經濟發展時，這樣的貧富兩極化才是需要解決的問題。

總之，收入分配不平等沒有絕對好壞之說，只有程度高低與是否正義之別。若相對恰當的收入不均能反映多勞多得的話，能刺激個人的創造力和社會經濟發展。相反，極度的貧富不均會阻礙經濟發展，並帶來社會不安與動盪。

## 1.2 關於貧富不均不同的觀點

從第一次工業革命後期對於貧富差距的批判和恐懼，到第二次世界大戰結束後，大部分西方國家的貧富差距群出現改善趨勢從而否定其危險性，到近五〇年全球化興起貧富差距再度上揚，不同年代、不同學派、不同政治思想對於貧富差距問題的觀點從未一致過。尤其是自一九七〇年後，各國基尼係數不斷上升，對於其與全球化及科技發展的關係更是爭論不休。在二〇〇〇多年前的中國，已有對於貧富不均對社會有何影響的思考。西周的管仲曾說：「長幼有等，貧富有度」的話。到了近代的西方，貧富不均更是「熱門話題」。雖然西方政界與學術界基本上都一致認為貧富不均對社會帶來負面影響，但對於其起因與解決方法卻南轅北轍[5]。

在學術界，關於貧富差距的看法百家爭鳴。在十九世紀末工業革命後期，卡爾．馬克思（Karl Marx）由於目睹在倫敦工業化的發展下底層勞工的生活實況，他在《資本論》中提出資本主義的發展會使得貧富差距急劇惡化，而無產階級最後會以暴力方式推翻資產階級，最後結束資本主義。在第二次世界大戰後，西蒙・顧志耐（Simon Kuznets）觀察了西方各國的貧富不均數據，最後得出十九世紀嚴重貧富分化的歷史不會再出現的結論。他認為貧富不均惡化在資本主義發展初期只是陣痛，只要國家財富或平均GDP超過某個指標時，貧富差距便會縮小。

事實上，二戰後的三十年的確如顧志耐所預測的那樣，許多國家均出現貧富差距改善的狀況。但貧富不均的好轉並未延續到二十世紀八〇年代，正如第一章所提到，無論是發展中國家還是已發展國家，貧富差距又再繼續擴大。湯瑪斯・皮凱提（Thomas Piketty）在《二十一世紀資本論》（*Capital in the Twenty-First Century, Piketty*）一書中提出，貧富差距是資本主義中不可避免的現象，而且貧富分化也是在歷史中的常態。在資本主義中，有資產者投資的回報永遠比平均經濟發展或勞動回報高（「r＞g」）。他認為只要政府不干預資本主義發展，貧富差距便會一直惡化。

另一方面，在政界中關於貧富差距的辯論也是各黨各派各有論見。雖然無論是左派還是右派均承認財富分配不均會對經濟和社會帶來的危害，但關於解決方法的意見卻南轅北轍。傳統右派堅持小政府和市場機制，認為一定要先讓市場進行運作，然後再用再分配等方式進行調控。但左派卻認為任由市場發展然後再根據國民的收入進行再分配效果不夠，而主張干預市場機制，利用最低薪酬及國營企業等方法實現平等。另外，還有極左的共產主義者，他們認為資本主義的市場經濟（Market Economy）最終會令社會崩潰，所以國家政府必須導入計劃經濟（Plan Economy）[6]，讓國家硬性分配資源，從而令每一個人獲得的收入和財富都一樣多，這樣便可以杜絕貧富差距，實現絕對平等。

## 1.3 貧富不均的測量方法

在馬克思的時代其實是沒有對貧富差距的客觀測量標準的。對於工業革命初期的學者來說，貧富不均還是非常地抽象。例如對英國大城市內底層工人和上層資本家的生活和工作環境進行觀察比較，從而去判斷貧富差距的程度，但到底差距多少卻很難客觀地衡量出來。又例如對於如英國的貧富差距是否大於法國，又或者今年的貧富差距是否相較於去年有惡化等問題，其實當時學者們是沒有客觀測量標準的。

正因為如此，進入二十世紀後開始有學者嘗試利用不同的客觀計算方法來測量貧富不均，從而令其可以進行橫向（如國與國）與直向（如今年與去年）比較。學術界至今日為止，最常見的測量標準便是在本書第一章提到的基尼係數。在今天，基尼係數也是聯合國的官方測量標準。義大利學者科拉多．基尼（Corrado Gini）在一九一二年其著作《Variabilità e Mutabilità》中首次提出。基尼利用勞倫茨曲線

（Lorenz curve）[7]定義年收入分配公平程度，從而計算出某地區的貧富不均程度。基尼係數是在0和1之間，0代表絕對公平，也就是說社會每一個人的收入都一樣多；而1代表絕對不公平，也就是說社會中有一個人佔有一〇〇%的收入，其他的人一點收入都沒有。

我們可以從圖4的勞倫茨曲線來解釋基尼係數。橫軸代表人數累積百分比，也就是對

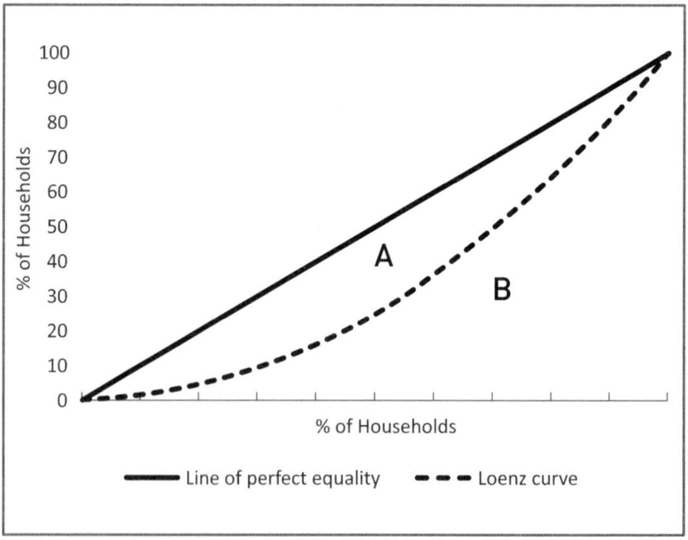


圖4　用勞倫茨曲線來定義基尼係數

某一國家或某一地區所有人口，從左到右從貧到富進行排列。縱軸代表那個地方總收入所得累積的百分比。圖中的直線代表了一個收入絕對平均的社會，如一〇%「最窮」的人佔有的收入比是總收入的一〇%。但絕對平均其實呈現的並非現實狀況，虛線是代表了這個收入並不絕對平均的地方之分佈，如一〇%「最窮」的人佔有的收入比只佔社會總收入比的一%。虛線把社會總收入分為兩半，也就是A和B。而A和（A＋B）的比例便是基尼係數。當這個地方的收入絕對平均時，虛線便會和實現重疊，也就是說只有B沒有A，所以絕對平均的社會的基尼係數是0。相反便是1。

聯合國是以以下方式來解讀一個國家的貧富不均程度：

**0－0.2：非常低（Very Low）**

**0.2－0.29：低（Low）**

0.3－0.39：中等（Medium）

0.4－0.59：高（High）

0.59－1：非常高（Very High）

聯合國同時也把○．四視為警告線，當某個國家或地區的基尼係數高於此水平時，代表此社會有社會分化問題，並有可能會產生社會動盪。

除了基尼係數之外，「Ｐ90／Ｐ10係數」也是另外一個非常常用的貧富差距測量法。其測量方法的背後邏輯非常簡單：首先我們把某國或某地區所有人根據收入高低分為十組，最窮的一組稱為Ｐ10，另外最有錢的一組稱為Ｐ90。之後分別算出Ｐ10和Ｐ90的平均收入。Ｐ90／Ｐ10便是Ｐ90和Ｐ10之平均收入的比例。我們可以想像，一個國家或地區的貧富差距越大，其Ｐ90／Ｐ10的比例也會越大。例如在一九九六年法國P90的平均收入為二七二〇歐元，而P10為九〇〇歐元，所以其P90／P10係數便是3。（＝2,720／900）皮凱提在其早期著作《不平等的經濟學》（*L'économie des inégalités*）中便是用P90／P10的方法對貧富不均進行研究。

除了上文提到的基尼係數和P90／P10外，還有其他如戴爾指數（Theil index）和阿特金森指數（Atkinson index）等的測量方法。但由於基尼係數和P90／P10這兩個係數最為簡單易懂，而且許多國家的貧富差距數據庫也是採用這兩種係數，所以在學術界中這兩個係數也是最流行和常見的。

## 1.4 關於貧富不均觀點的歷史發展

正如前文所述，在工業革命初期並沒有對貧富差距有客觀的測量標準。但後人依然嘗試從當時的文獻與收入數據，對那個時代的貧富差距進行估算。加州大學經濟系教授彼得．林德特（Peter Lindert，2012）和哈佛大學經濟系教授傑弗里．威廉森（Jeffrey Williamson，1974），便嘗試對美國與英國在一八〇〇年到一九四〇年之間的貧富差距進行測算。從第二次世界大戰結束後，許多組織如聯合國（United Nations,UN），國際經合組織（Organization for Economic Co-operation and Development, OECD）和美國人口普查局（United States Census Bureau）正式開始對各國貧富差距進行資料收集和數據整理。另一方面布蘭科．米拉諾維奇（Branko Milanovic, 2012）也嘗試估算出了十九世紀末開始到二〇〇〇年的全球人口貧富差距的係數。根據這些前人的數據，圖5便顯示了從十九世紀初開始英國、美國以及全球的貧富差距走勢圖。

根據此圖我們可以把整個貧富差距的大走勢大約分為三個階段。

**第一階段**：從一八〇〇到一九一〇年。在工業革命發展得如火如荼的十九世紀，人們瘋狂於嶄新的科技與極速的經濟膨脹。越來越多本來生活在郊區農

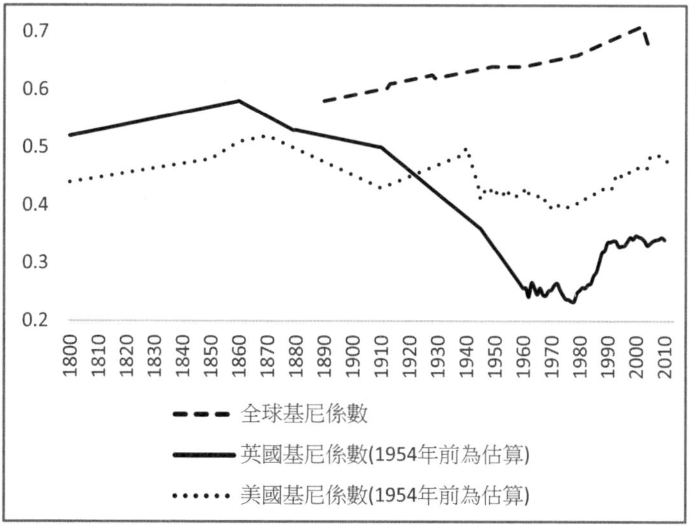


**圖5　全球、英國及美國自1800來基尼係數走勢圖**

Data Source: Lindert and Wlliamson（2012）; Radner and Hinrichs（1974）; Smolensky and Plotnick（1992）; Goldsmith et al.（1954）; US Census Bureau; official UK data from UK government, Milanovic（2016）

村的農民紛紛遷入城市，從而能在城市中的工廠工作。工業革命帶來的不僅僅是商機與財富，但也同時對當時人們的生活方式帶來許多負面的改變。其中非常明顯的一點就是工業化對貧富分化帶來的衝擊。走在工業革命最前面的英國，許多進入工廠工作的工人都必須忍受髒亂的生活環境與過長的工作時間，而且他們的收入與資本家的獲利相比也是大相徑庭。這樣的現實令許多學者開始反思資本主義的本質。他們認為如果繼續如此放任這個模式發展下去，創造出來的財富是否會讓社會更加公平正義地[8]長期發展。其中最著名的便是共產黨宣言起草人之一的馬克思（Karl Marx,1867）。他認為社會是根據生產力分為不同的階級，而資本主義發展是社會階級不均的根源，任由其發展只會令窮者越窮，富者越富。

在放任的資本主義中，階級之間的矛盾不斷深化是不能避免的。馬克思預測當貧富不均大到某個程度時，處於社會最低層的無產階級會以暴力形式進行革命，推翻資本家階級與資本主義。很顯然地，馬克思認為資本主義的發展最終必然會帶來貧富不均，而暴力革命就是其唯一的宿命。但後人發現馬克思並不完全正確。圖6顯示了十九世紀英國平均GDP與其購買力的關係。

在馬克思出版《資本論》前的十九世紀前半葉，我們的確發現當時實際薪水購買力落後於當時英國的平均產出，而且差距越來越大。但數據同時也顯示，薪水購買力在一八五〇年後雖然與全國平均產出依然有差距，但開

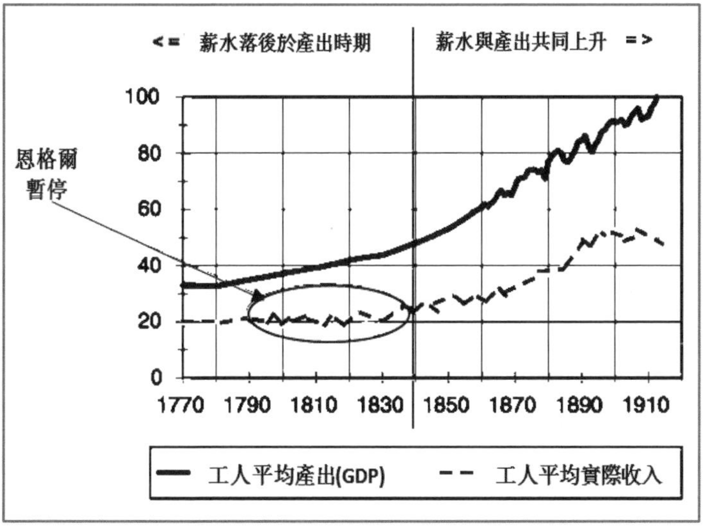


圖6　恩格爾曲線（Engel's Pause）示意圖

1800與1840年間英國貧富差距拉大示意圖. Data source: Allen (2009)

始慢慢跟上（catch-up）。有經濟學者便認為工業革命初期的收入差距加大只是暫時的，長期來看資本主義發展不會使收入差距惡化。他們也對收入不均惡化的幾十年稱為恩格爾暫停（Engels's Pause），但對於此現象到底為什麼會出現和背後的邏輯，其實大家一直沒有太多的頭緒。直到阿倫（Allen, 2009）對此現象進行了深入的研究，我們才開始慢慢明白。

正如前文所述，工業革命進步的核心便是科學技術高速發展（如蒸汽機的發明）。科技的進步令生產力迅速提升，同時也提高了市場對於資本的需求。資本家為了滿足市場對資本的需求，他們便會把邊際利潤中相對大的一部分存起來，並進行再投資，而不是對工人進行加薪。這也解釋了為什麼在工業革命發展初期出現貧富差距的加大。但當工業革命發展十九世紀後期的階段，由於生產力和對資本的需求開始出現飽和，資本家們開始意識到社會大衆亦是市場，從而改變策略把利潤中更大的部分作為薪水給予工人階層。

**第二個階段：**便是從第一次世界大戰前的一九一〇年到全球化前的一九六〇年。進入二十世紀後，學術界對貧富不均問題開始出現與工業革命初完全不一樣的樂觀聲音。圖5顯示英國和美國的基尼係數在一九〇〇年後均開始出現下降。尤其是英國，從一九〇〇年的〇．五左右水平，一直跌到一九六〇年的〇．二八。顧志耐（1955）對此現象進行解釋。顧志耐（1955）收集了一九一〇年至一九五〇年間西方國家的收入數據並進行分析。他的結論是，隨著資本主義的深入發展，貧富不均的走勢並不是像馬克思所說的會一路惡化到底。

顧志耐並不反對貧富差距會在資本主義發展初期出現兩極化的現象。但當資本主義發展到一定高度而且GDP也超過一定水平的話，貧富差距便會開始改善，並像英美在二十世紀前半葉一樣呈現一條下降的曲線。後人也稱這條下降的曲線為「顧志耐曲線」（Kuznets Curve）。可以說，顧志耐用數據從原則上否定馬克思。資本主義與經濟增長不但不會導致無產階級革命，相反地只有資本主義才可以在根本上解決貧富不均。因此，顧志耐也是「涓滴經濟學」（Trickle-down Economics）[9]的一大支持者，也就是說國家政府應該推行大幅度減稅政策，從而推動經濟發展，因為他相信只有上層富人累積財富，下層才會有收入增加。

顧志耐的理論在六〇年代風靡一時，但過了千禧年後，隨著世界貧富不均水平不斷上揚，對於顧志耐理論的批評也越來越多。其中最有名的便是皮凱提。皮凱提認為顧志耐的研究

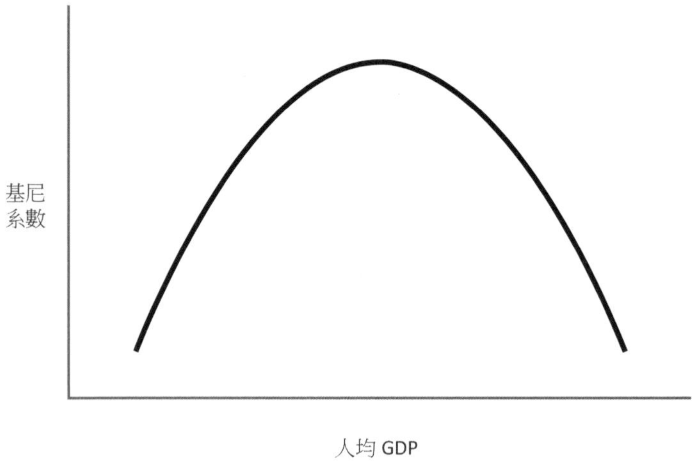


**圖7　顧志耐曲線（Kuznets Curve）示意圖**

期間和數據有問題。正如前文所述，顧志耐所研究的經濟數據期間為一九一〇年到一九五〇年，但皮凱提認為這其實是一段多事之秋的時期。在這短短四十年間，發生了前所未有的全球經濟危機（一九二九年）、美國新政（一九二九年至三〇年代中葉）、兩次世界大戰和大範圍惡性通貨膨脹（一九一四至一九一八&一九三〇至一九三五），這些大事件都對貧富差距程度有很大的影響。如果把研究期間往前拉到十九世紀或往後拉到二十一世紀，結論絕不會出現「顧志耐曲線」。

**第三個階段：**就是全球化最蓬勃的一九六〇年到二〇一〇年。正如前文所提，一九六〇年後的基尼係數在全球各國中又開始上揚。不同的學者都嘗試對這一輪貧富分化進行解釋。最有名的便是之前也提及的皮凱提，在他的《二十一世紀資本論》一書中，他認同馬克思所主張的任意放任資本主義發展只會讓貧富差距無止境的惡化。皮凱提發現在歷史發展當中，從資本投資中能夠獲得的回報一直都比用勞動換來的回報高，而且這是歷史中的常態。皮凱提用一個非常簡單的方程式來表達他對資本主義本質的理解，那便是有名的「r＞g」。r代表的是資本的報酬率，而g便是整個經濟體生產總值的回報增長率（包括勞動薪水增長）。換言之，只要在資本主義自由發展的前提下，資本家用資本進行投資的回報率便會一直高於勞動者進行勞動換來的薪水增長率。所以，貧富差距的出現和不斷的擴大也是無法避免的。

但皮凱提自己也提到「r＞g」的規律只在太平盛世時通用，在歷史上一旦出現飢荒、瘟疫、戰爭或經濟危機時，社會裡的財富會被洗牌而從重新分配。也就是說社會大部分人會變得一貧如洗，這樣相對來說社會顯得比較公平。但一旦資本主義經濟開始恢復，「r＞g」的規律又會重新出現。雖然有人說皮凱提的《二十一世紀資本論》是左派經濟學人的聖經，但其中也不乏批評的聲音。皮凱提在解釋貧富差距時有誇大資本投資回報的傾向，基本上很少提到資本投資的風險。假設今天筆者決定掏五十萬新台幣出來去開一家炸雞排店，誰能保證我賺的錢比坐在辦公室裡做血汗勞工賺得多呢？難道投資雞排店就絕對不會虧錢嗎？另外，二十一世紀資本論也鮮少提到利率（Interest Rate）和貨幣供應對貧富差距的影響。這也是許多學者對此書無法信服的原因，也是其最重要的批評。

布蘭科．米拉諾維奇（2003）比皮凱提更加具體地，並把貧富差距惡化的矛頭直接指向一九六〇年前後開始的全球化。他認為全球化雖然帶來巨大的財富，但實際獲益人只是各國的社會上層而不是全球七十五億人。安格斯．迪頓（Angus Deaton,2013）同意全球化帶來的財富分配不公平問題，但也不可完全否定其對世界帶來的貢獻。特別是全球化令各國的最底層民衆實現了一定程度的脫貧。無論實際財富的分配如何，最底層的人平均來說相對獲得了更多的財富，而更重要的是他們相對獲得了更多的溫飽。

除了全球化的發展外，從一九六〇年開始也有其他的學者從另一個維度來看貧富不均的問題。那便是科技發展與人力勞動之間的矛盾。當人工智能（Artificial

Intelligence）成為熱門話題的時候，許多人開始擔心未來機器人是否會取代人類現時的許多工作，從而導致大範圍的失業與貧富差距的惡化。關於科技發展與人力勞動的思考，其實早在上世紀七〇年代便已開始。簡．丁伯根（Jan Tinbergen,1974）把收入分配比喻成一場科技發展和教育水平的賽跑。科技發展迅速，但教育水平必須得跟上並培養出足夠的人才來駕馭嶄新的科技。如果人才過少的話，有接受科技相關教育的人的收入便會遠高於其他不能駕馭科技的人，從而出現貧富差距。卡茨和戈丁（Katz and Goldin, 2013）便認為如果國家不介入，科技與教育水平將會成為惡性循環。一旦科技人才過少，科技人才的收入便會遠高於社會其他民眾。由於科技人才的高收入，科技教育會變得昂貴，從而令科技人才會變得更少。貧富之間的差距長期下來便會加大。

正如前文所述，人工智能的發展在二〇一〇年後變成了熱門話題。福特（Ford, 2015）認為到今時今日為止，人工智能的發展只僅限於製造業，並沒有直接影響到人們的生活和加大貧富差距。但一旦未來人工智能發展到一定水平，像司機與會計師等職業也許會被機器人代替。如果深入地回顧歷史，我們不難發現在工業革命後不少人工勞動密集（Labour intensity）[10]的工作已被機器所取代，但人類還是可以發展如服務業和金融業等的新工作，從而避免失業和收入分化。但問題是那只是歷史，到底未來是否也會和過往歷史的發展一樣呢？

## 1.5 本書的分析方法

回到第一章所討論的一九六〇年以來貧富差距的根本原因，本書將這兩個維度的貧富差距問題分開討論。由於國與國（Between countries）之間與國內人與人（Within countries）的基尼係數走勢大不相同，聯合國（UN, United Nations）亦是用同樣的方法來觀察全球兩極化的情況，同時也視這兩項為聯合國的需要實現的目標之一[11]。

另外，這兩個維度也會分成三個主題分別討論，分別是最近幾十年的全球化進程、科技發展與量化寬鬆政策。筆者希望用這個辦法找出近幾十年來貧富差距波動的背後推手與真正原因。

本書收集世界各國不同的經濟數據如基尼係數、GDP、各國間互相貿易量、互聯網使用人數、貨幣量等等。數據資料來源自然也是五花八門，除了各大學術前人的著作外，本書也參考聯合國（UN）和經濟合作暨發展組織（OECD）等國際機構的數據資料，用數據作為根據，做到有七分證據，不講八分話[12]。

Chapter 2

# 全球國與國的貧富不均

國與國之間的貧富差距基尼係數與我們平時在電視、報章雜誌所看到基尼係數很不一樣。在這裡我們比較的是國與國之間GDP的差別（例如美國和中國），而不是某個國家國民之間的差別（例如一位在餐廳打工的服務生和台灣首富郭台銘）。在二〇〇三年學者米拉諾維奇首次提出這個概念[13]，他收集了從一九六〇年起一百四十四個國家的人均GDP，並以PPP進行物價調整，每一個國家都是一個平等觀察值（observation），從而判斷國家之間的收入差距。

觀察國與國之間的貧富差距基尼係數，可以幫助我們了解國家互相的收入差距，如果有人依然用發展中國家的GDP暴漲作為理由，認為國與國之間越來越接近的話，那可以請他看一下以下米拉諾維奇所收集，從一九六〇年到二〇一〇年的基尼係數圖。

從圖8我們可以看出國與國之間的GDP差距，在一九六〇年和一九八〇年間保持在一個相對平穩的水平，一直在〇·四六和〇·四八間波動。但在一九八〇年後基尼係數迅速飆升，並以之延續了二十年到二〇〇〇年前後的〇．五四的水平。之後，係數開始下降，一直到二〇一〇年的〇．五一左右，但與六〇和七〇年代〇．四八水平相差甚遠。如果細看這一組數據，我們也許能把問題看得更加清楚。如果我們把一九六〇年和二〇一〇年的數據相比，以美國的人均GDP增長作為發達國家的代表，我們發現

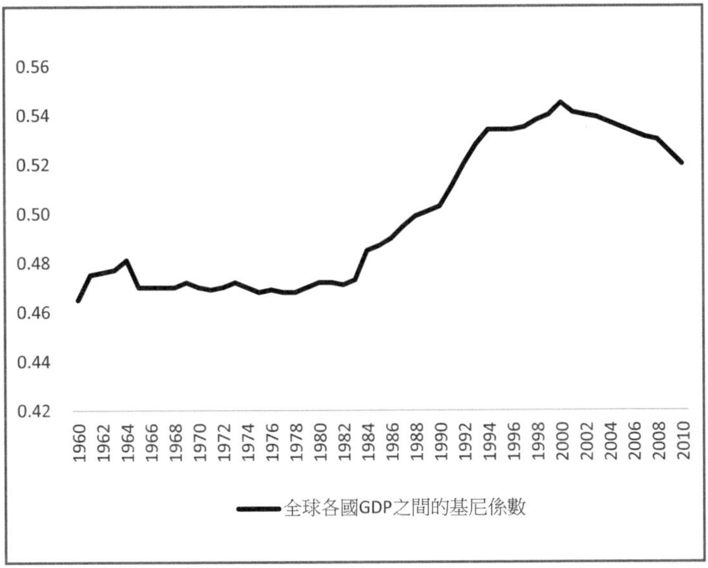


**圖8　全球各國之間GDP基尼係數**

Unweighted, 1 country = 1 observation, Data Source: Milanovic（2016）

在五十年間其他國家的人均GDP增長高於美國一〇%的，只有其中二十八個。這二十八個國家之中還包括了一些人口非常少的地區如新加坡、香港和台灣。另外，在這二十八國之中非西方國家或非鑽石石油出口國的只有十二個。換言之，所有國家除了這二十八國之外，我們沒有發現窮國向富國靠攏的現象。

前文也有提到，上揚的基尼係數代表了貧富差距正在加大。從圖8我們不難發現即使國與國之間的基尼係數有波動，但從其大勢而言仍在不斷上升和惡化的。到底為什麼國與國之間的基尼係數會如此波動？而背後的邏輯和原因到底是什麼呢？在這一個章節將進行更進一步的討論。

## 2.1 從全球化看國與國的貧富差距

進入二十一世紀之後，有越來越多的學者認為全球化雖然帶來經濟增長，但也帶來了貧富差距。全球化一大特點便是全球各國間貿易量的增長。除了貿易量本身的擴大之外，全球經濟發展也越來越依賴國與國之間的貿易。也就是說貿易在全球的GDP中比重也會越高。就讓我們用數據來印證一下到底這是不是事實。

圖9中，實線是我們在前文看到的國與國之間的基尼係數，而虛線便是全球經濟整體中外商直接投資（FDI, Foreign Direct Investment）在全球經濟中的比例。FDI大約可以理解為一個國家對另外一個國家的投資，例如在中國大陸改革開放初期到中期，台灣商人大舉西進到大陸進行投資蓋工廠，其中投資的金錢總額便可以視為FDI。FDI百分比越高，代表世界貿易越蓬勃，也代表我們的經濟也越依賴國際貿易。我們可以看出雖然FDI在幾十年間有波動，但發展趨勢大體上和

國與國基尼係數相同。在一九八五年前，FDI值一直都沒有超過世界GDP的一%，但之後開始飆升到甚至五%的水平，雖然其中有波動，但大趨勢依然是明顯上升。

在第二次世界大戰之後到一九六〇年為止，西方國家把大部分的精力和資源都放在經濟發展上。由於經過戰爭的洗禮，歐洲戰後的五〇年代是滿目瘡痍。但百廢待興的局面卻為歐洲創造了

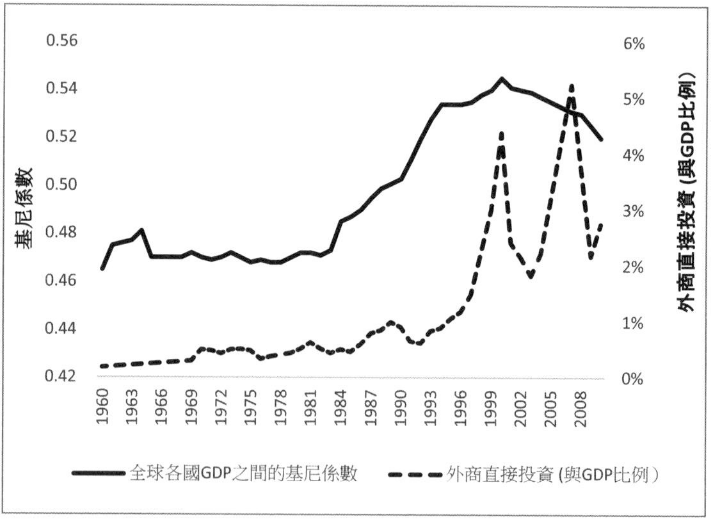


**圖9　全球基尼係數與外商直接投資比例**

Data source: Milanovic ( 2016 ) and World Bank World Developments Indicators

「市場白地」，其經濟發展擁有巨大的紅利與後勁。另一方面，大量對歐洲進行出口的美國也實現了經濟高增長。在一九七〇年之前，歐美國家的平均每年GDP增長高達四％，而經濟總量也在戰後二十五年間（一九四五年至一九七〇年）膨脹了五〇％。但戰後的經濟紅利在一九七〇年前後已經零落殆盡。

整體經濟的GDP增長從之前的平均四％，在一九七〇年和一九八〇年間跌到二．五％，甚至在一九八〇年後跌到一％左右。當戰後紅利已經花完，西方的政治家與經濟學者開始思考如何保持GDP的長遠增長。這個時候，國際貿易與開拓第三世界市場變成了西方國家經濟救命的稻草。其實，國際貿易的理論基礎早已存在，大衛．李嘉圖（David Ricardo, 1817）早在十九世紀就提出貿易對經濟發展的重要性。他的比較優勢理論（Comparative Advantage）便認為雙方（包括個人和國家）如果均關注在自己最擅長的經濟生產中然後進行交易的話，這樣不論對雙方還是對整個社會都是最有利的。例如農民種白米，工匠造椅子，根據優勢理論對於雙方和社會最有利的是，讓雙方交易而不是強迫農民造椅子或工匠種白米。但比較優勢並不代表你一定要成為行業或社會中最佼佼者。再舉一個例子，假設我認識比爾．蓋茲（Bill Gates），他做軟體賺錢比我厲害，但同時他做菜也比我好吃。但是那並不代表我會失業，而且他還是有可能招聘我為他做料理。為什麼呢？因為每一個人的時間和精力都是有限的。由於做軟體的回報比較高，比爾．蓋茲會把所有的時間精力投進他的軟體事業，這樣他就沒有時間做料理了。所以這個時候我還是可以能夠找到工作。而這個狀態無論是對於比爾．蓋茲還是對於我而言都是雙贏的。

只要把這個思維擴散到整個社會或全世界，經濟發展自然就會蓬勃起來。某個程度上而言，李嘉圖的優勢理論成為了國際貿易與全球化的理論基礎。全球化的思維讓許多國家都降低了貿易的門檻（如入口稅和外商投資限制），讓經濟活動不分國界互相流動。西方資本家會選擇對自己最有利的國家或地方進行生產，從而獲得競爭優勢。例如歐美企業選擇去中國大陸投資便是主要看中了那裡的廉價勞工，從而降低生產成本。時至今日，全球化的進程一直在延續發展中。

我們並不懷疑全球化為我們帶來了繁榮和經濟發展，但在學術界中最大的爭點是到底因全球化帶來的財富是如何分配的。米拉諾維奇（2003）便認為學術界主流均對全球化的看法過於樂觀，與對其的副作用太過天真。這樣對於全球化過於正面的評價相當容易讓廣大民眾誤解。

全球化對於國與國之間的貧富差距的影響至少有正反兩面。從正面來說，確實如李嘉圖的貿易理論所主張的，全球化的確對窮國和富國雙方都帶來了經濟利益。已發展國家的資本家向發展中國家帶來了資本並進行投資，例如他們會蓋工廠，然後招聘當地的員工到工廠工作。對於那些工人來說，他們無需搬遷到已發展國家卻能夠為那個國家的生產線服務並獲得薪水。這些通過勞動得到的薪水留在被投資的發展中國家，並在此國進行消費且提高當地生活和經濟水平，進而創造出更多的商機。這樣不斷的正面利滾利發展，的確會對發展中國家帶來經濟發展。從這個面向來看，發展中國家的不斷進步與GDP增長，代表了這些國家與已發展國家的距離應該是越來越近。以六〇年代末期的新加坡為例，在其獨立後以優惠外商的政策大力鼓勵外商在本國投資。新加坡投資資源發展裕廊工業區，使得新加坡成為工業、電子產品出口以及煉油大國，進而躋身亞洲四小龍之列。

但全球化對國家之間的貧富差距也有另外一面。無疑地，全球化進程帶來的是貧富雙方的財富雙贏。但請注意，窮國的經濟發展和GDP增長並不一定代表這個世界會變得更加公平。正如前文所提的皮凱提「r＞g」理論，資本家投資的回報率永遠高於勞動者的話，西方的資本家往發展中國家投資，會令前者成為最大的受益者而不是後者的勞動者。換言之，如果在第一世界國家和其它相對落後國家中的貿易所產生的紅利中，大部分都被前者取走而只有小部分留給窮國的話，即便窮國有實質的經濟增長，實際上和富國的財富水平距離也是漸行漸遠。

從上文可以看出全球化對國家之間的貧富差距至少有正反兩面的影響。那麼到底實際效果是如何呢？是正面影響蓋過反面影響？還是反面影響超過正面影響呢？讓我們用數據來證明。

圖10是一九六〇年和二〇一〇年世界各國的GDP比較[14]，一個點（觀察值）代表一個國家。橫軸代表的是一九六〇或一九七〇年的人均GDP（GDP per capita）從左到右，從低至高。換言之，位於圖表左邊的代表相

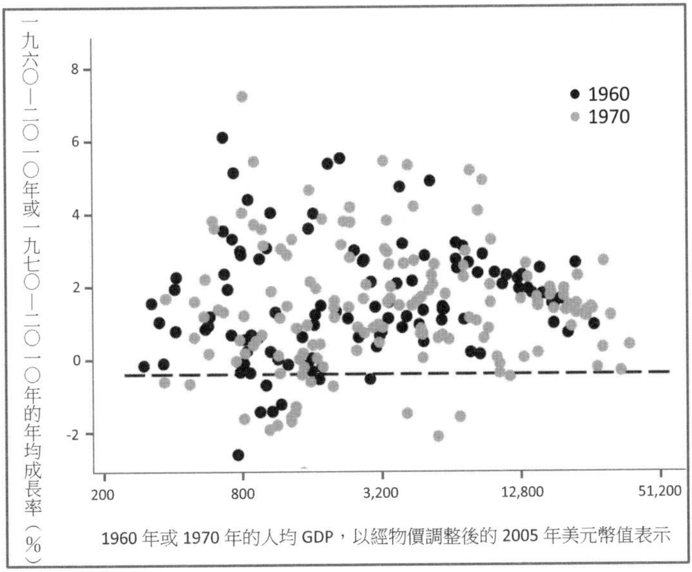


**圖10　GDP增長與人均GDP之關係（1960 vs 2010）**

Data source: Deaton（2016）

對貧窮的國家，而右邊代表的是相對富裕的國家。縱軸代表的是一九六〇年到二〇一〇年間的人均GDP的增長。這個圖像表達就是在一九六〇年的窮國和富國，至五〇年後的二〇一〇年間不同國家的經濟發展到底如何。如果按照科文的理論，全球化帶來的是國家與國家之間貧富差距縮小的話，我們應該會從圖中發現一條下跌的趨勢。也就是說，一九六〇年時的窮國應該比富國相對創造了更多的GDP才對。

但我們從圖10很明顯看出事實並非如此，在圖中我們沒有看到任何窮國的經濟增長比富國高的趨勢。的確，在圖表的左上方GDP增長最高的國家是在六〇和七〇年代相對較窮的國家，但同時也有其它窮國在二〇一〇年和當年相比GDP負增長了。從整體來看，我們並沒有發現窮國的GDP增長比富國高。換言之，全球化令世界各國之間更公平，只是許多人的一廂情願和想像，並非完全事實。

我們從另外一個角度來看國家之間的貧富差距。米拉諾維奇把所有人用收入分成不同的階級[15]，我們發現全球化也影響不同國家裡的不同的階級，這樣可讓我們更容易撥開國家之間貧富差距的迷霧。圖11的橫軸表示在一九八八年全球所有收入階級的人從低到高從左到右排列，左邊為最窮的人而右邊是最富的人。而縱軸便是同樣階級的實質收入在二十年後的二〇〇八年到底上升了多少。我們發現大約在一九八八年中等收入的人（A點），他們的實質收入增加了快八〇%。這些就是生活在像中國大陸及印度等，擁有眾多人口

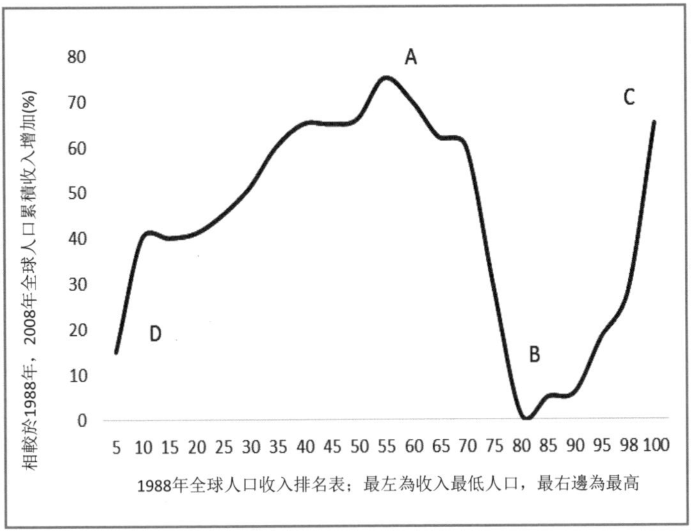


**圖11 1988年與2010年間，全球各階層之收入增長一覽圖**

Data source: Lakner and Milanovic（2015）

的亞洲國家和金磚國家（BRICS）。這也證實了全球化對發展中國家帶來實質經濟增長的不爭事實。但同時我們也看到並不是所有的發展中國家和窮國都像A點一樣，實現了GDP大跳躍。最窮的人群（D點）的實質收入低增長，證明了也有許多國家和地區（特別是在非洲和南美的國家），依然和一九八八年一樣在世界中保持相對低的收入。

另外，位於圖的右邊的富裕階層同樣出現兩極化的現象。B點代表著第一世界的中產階級。有趣的是，我們發現他們的實質收入和一九八八年相較幾乎沒有增長。例如，在台灣經常提到的打工階層的薪水已經好幾十年沒有漲過，相反在大陸的上海、北京的薪水不斷上漲，甚至有超過台灣的情況。如果用圖11來解釋這個現象的話，台灣的中產便是幾十年沒有加薪的B點，而在中國大陸一線城市生活的白領們便是A點。還有，在一九八八年最富的人群（C點），也就是在富有國家的資本家們，他們的實質收入遠超同在一個國家的中產。從圖中我們雖然看出也許C點的收入增長在百分比上不如A點，但由於C點的計算基點（Base）更大，同樣的百分比實際上西方資本家所得到的收入額遠高於A點的中等收入階級。

筆者認為這張圖做了全球化對國家之間貧富差距影響的最佳詮釋。在近幾十年的全球化進程中，有贏家也有輸家。之前我們提到，全球化明顯的一個指標就是國際貿易的蓬勃。即使所有國家和階級在這幾十年都實現了收入增加，但其分配並不是平均的。貿易的增加一方面給西方的資本家帶來財富爆發，他們在相對底薪低成本的國家進行投資換來競爭力和財富增加。另外，發展中國家的中產也是贏家，西方資本家帶來了資本，然後這些中產為資本家工作換來薪水然後又在本地消費。這樣的紅利滾紅利的模式也為這些國家帶來繁榮。雖然他們得到的沒有資本家多，但客觀來說也算是收入增加與經濟進步。

但另一方面，這個國際貿易的模式至少損害了兩幫人的利益。第一便是發達國家的中產階級，資本家選擇在效率更高的發展中國家投資，帶走的除了投資資本外還有製造業的工作。在這樣的前提下，他們的薪水怎麼可能大幅度翻騰呢？還有就是這世界上最窮的國家，他們並沒有享受到太多全球貿易的紅利，所以理論上這些位於非洲和南美的國家嚴格來說算不上發展中國家。真正在全球化中嚐到甜頭的其實也就是那一些位於亞洲的工業化國家而已。一言以蔽之，全球化並沒有把世界各國變得更公平。

## 2.2 從科技發展看國與國的貧富差距

人工智能的話題在最近幾年是人們經常在茶餘飯後討論的話題，其實早在十九世紀工業革命時馬克思就認為，人力勞動和技術發展本身就存在著矛盾，一旦科技技術發展到一定程度便會開始替代人力，成為生產的主力。這樣的趨勢會令工人大範圍失業而且產生社會動盪。丁伯根、卡茨和戈丁等二十世紀的學者即使不擔心機械與科技會完全代替人力，但他們均認為如果教育水平沒有跟上科技水平的話，社會上便只會有相當少的一部分人能駕馭科學技術，而這些人便會享受到大量的社會資源、收入和財富。所以這樣看起來，就算新科技的高速發展到今天為止沒有令我們的社會出現大規模的失業，但同樣地卻會造成貧富差距。

舉例來說，一位台灣大學剛畢業的大學生平均薪水大約為三萬元[16]。但如果這位大學生是電機系等高科技學系的畢業生，畢業出來進入ＨＴＣ或台積電之類的高科技公司擔任工程師職務的話，年薪超過百萬就是輕而易舉的事情。他們薪水就比一般的大學生多好幾倍。但如果，台灣的平均教學水平不足以培養出足夠數量的優秀高科技學生的話，由於市場缺乏人才，我想這些能當上工程師的台大畢業生能獲得的薪水應該會更高吧。

先拋開未來趨勢不說，讓我們看一下最近幾十年的全球科技發展趨勢到底對國家之間的貧富差距是否有影響。許多學者都稱我們現在處於一個訊息時代，而訊息時代的標誌便是互聯網的普及。互聯網最大的特徵便是獲得訊息的方法更多更快，成本更低。互聯網的普及使得許多使用者可以足不出戶便能知道千里之外的事情。現代人只需拿出手機，對想知道的東西輸入Google或維基百科（Wikipedia），答案馬上就會出現。同時，互聯網也是許多新技術的核心。萬物聯網（IoT, Internet of Things）和人工智能（AI, Artificial Intelligence）便是如此。一台機器和一台電腦容量和運算能力畢竟有限，如果不同的訊息能夠互相交換和共享，科技發展的可能性便會以倍數增長。那到底互聯網和科技的發展是否讓國家之間的GDP差距變得更大呢？它們是否讓某些已發展國家獲得益處或讓其它國家更加落後呢。

圖12的虛線表示了從一九六〇年到二〇一〇年間世界平均每一百人的互聯網使用人數。我們發現到一九九四年為止使用者人數幾乎是零。但在一九九四年後，上網人數開始指數式上升一直到二〇一〇年。在二〇一〇年

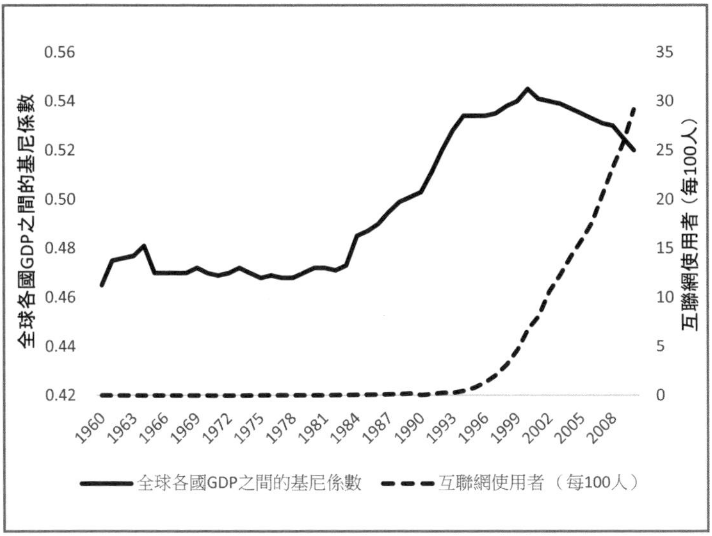


**圖12　全球基尼係數與互聯網使用者人數圖**

Data Source: Milanovic （2016） and UN Database 2016

平均每十個人中便有三個人是互聯網使用者。從圖12可以看出，互聯網人數的飆升和基尼係數的關係不明顯，在基尼係數開始下降的二〇〇〇年後，互聯網使用人數依然直線飆升。從數據上，我們沒有發現科技發展帶來的互聯網普及，帶來了國與國之間的GDP差距。筆者認為，在一九六〇年和二〇一〇年間，全球的高科技技術發展並不是令窮國越窮富國越富的原因。相反，科技的發展幫助了某些相對落後的發展中國家的崛起。

**第一**，高科技令發展中國家更容易套用西方的製造方式進行經濟生產。以中國大陸為例，在改革開放的八〇年代末和九〇年代，許多外國資本還是和中國資本都選擇對中國的工業進行投資。相對較高的科技水平令在生產線高度統一化和容易操作。理論上，一個工人只需要接受過基本的訓練，便可以在製造流水線上進行工作與生產（Low-skill biased）[17]。相反，對於資本家而言，高科技降低了他們對員工訓練的成本和對熟練員工的依賴。

**第二**，發展中國家發展高科技經濟一般來說也快過已發展國家。亞歷山大・葛先克隆（Alexander Gerchenkron, 1962）便認為發展中國家因為低薪和資源集中化（如大企業）經濟發展速度更快，這種高速度的發展令其科技應用創新也會更加有效率。由於發展中國家本來一無所有，因此就不會有本來就存在的舊技術和利益集團，自然一旦導入一項新技術時便會馬上使用最新最先進的那一款，而無需顧慮保守既得利益集團。以電商的發展為例，後來居上的韓國和中國大陸的電商普及率以及其佔GDP比例便高於鄰近的台灣與日本，筆者認為其原因便是前者的後期優勢令其超越了後者的一個例子。[18]

到今天為止，高科技的應用對於窮國而言，是一項刺激自身經濟發展很好的辦法和工具。相信在經濟發展依然落後的貧窮國家一旦成功導入現代化，一定也能在經濟指標上追趕上發達國家。但必須注意的是，高科技的普及對發展中國家帶來的成功規律也許會消失。正如前文所述，許多成功的發展中國家都是靠廉價的製造業勞動力發跡的。但在未來，一旦如人工智能和3D打印的技術漸漸成熟，發展中國家的優勢也許就不復存在。一旦製造業本身的成本不再限制於人工勞動，製造地點也不再重要。如果一件產品無論是在美國、日本還是中國、越南製造都沒有太大差別的話，未來的發展中國家是否還能利用同樣模式實現高經濟發展呢？

關於發展中國家未來預測的部分，會在本書最後一章深入討論。

## 2.3 從貨幣政策看國與國的貧富差距

一個在討論貧富差距時相對比較少提到的話題，就是全球的貨幣供應量和國家之間的GDP差距。筆者認為全球流通貨幣的供應量直接影響了各國之間GDP的差距。圖13便是國家之間的貧富差距基尼係數和全球流通貨幣量／GDP的比較圖。

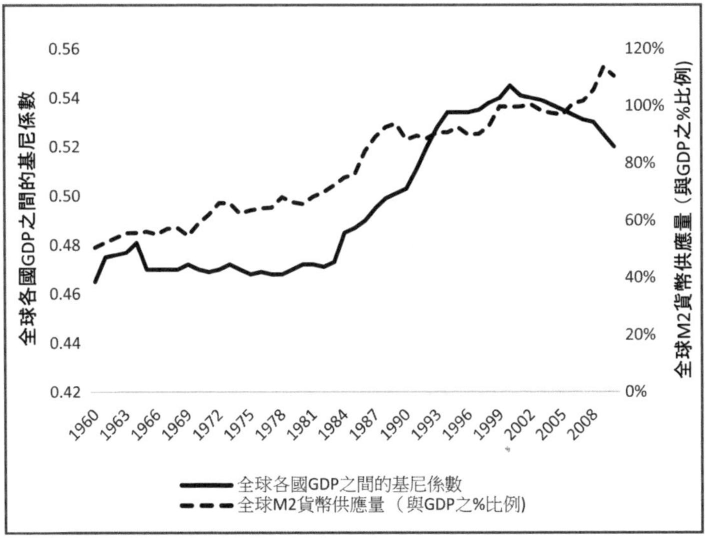


圖13　全球基尼係數與全球M2貨幣供應量比例圖

Data Source: Milanovic （2016）and World Bank World Development Indicator（WDI 2014）

其中的虛線部分便是貨幣流通量（M2[19]）和GDP的比例，我們不難看出兩者有非常相似的走勢。例如在二〇一〇年，全球流通貨幣便是全球GDP總量的一．一倍。和全球基尼係數非常相似，在一九六〇年起的五十年來我們不難觀察到全球的貨幣量是在不斷增加的。當在一九六〇年全球的貨幣量只是GDP一半的時候，在二〇〇五年貨幣量已經超過了全球一年的全年生產總值。

經濟學者菲利浦．巴古斯（Philipp Bagus）和安德烈亞斯．馬奈特（Andreas Marquart, 2015）認為最近幾十年的貨幣氾濫是貧富差距的主要幕後黑手，如不及時處理，在將來問題只會越來越嚴重。經濟學家林毅夫（Lin, 2013）甚至認為西方國家，特別是美國對貨幣供應的寬鬆政策直接導致了二〇〇八年的金融危機。他認為某個程度上來說，二〇〇八年的金融危機的爆發是種瓜得瓜的結果。

但貨幣的供應量是如何影響了國家之間的GDP差距的呢？讓我們先來看一下貨幣供應的歷史和背後的邏輯吧。

在十九世紀工業革命時期，當時的大英帝國為了保證英鎊的購買力，建立了一套名為金本位的制度（Gold Standard）。也就是說英鎊的價值是與黃金掛鉤的。黃金升，英鎊升。反之如是。當消費者知道英鎊能換黃金時，便會有信心地把英鎊作為貨幣使用。當時的其他工業大國（如法國、德國、美國等）也紛紛仿效。由於有了金本位的存在，政府與中央銀行便不大可能進行貨幣寬鬆政策。因為一旦貨幣量過大，出現市場不安現象，便有出現黃金儲備不足的風險。當時的金本位政策由於有穩定幣值和物價的作用，因此直接幫助了資本主義市場發展。

金本位政策一直延續到了二十世紀，但經多次的經濟危機和通縮衝擊使得越多的貨幣的價值慢慢地和黃金脫鉤。到了第二次世界大戰之後，實際上只有美元能夠依然堅挺能與黃金價格掛鉤。美國在戰後確立了布雷頓森林體系（Bretton Woods System）來規範全球金融市場，並把美元的價值訂在每三十五美元可以換一盎司的黃金。由於有布雷頓森林體系的存在，美元變成了最穩定的貨幣，同時也是國際貿易之間的統一交易貨幣。但進入七〇年代後，由於石油危機的影響下造成的黃金大量需求，金價飆升，美元已經無力再與黃金掛鉤。在一九七三年，美元正式開始貶值，便與黃金脫鉤。大家要買黃金就必須花比三十五美元更多的錢。雖然依然有其他的體系嘗試規範貨幣價值，例如特別提款權（Special Drawing Right）或國際貨幣基金的資產儲備項目（Reserve Accounts IMF）等，但無一能像布雷頓森林體系一樣能有效地保證貨幣價值。

事實上，對於應該靈活調整貨幣政策的支持者來說，布雷頓森林體系根本就是負擔。他們認為貨幣量的放大能夠刺激消費後投資慾望，但若貨幣與黃金掛鉤卻偏偏限制了這個可能性。事實上，在一九七三年美元開始貶值之後也發生過好幾次經濟危機。在危機爆發前，投資資本不斷累積，從而創造生產能力（Production Capacity）與市場供應（Market Supply）。但一旦危機爆發，便會出現經濟蕭條的惡性循環。由於經濟不景氣帶來低市場需求，市場需求低落便會帶來低投資意願，低投資便會帶來高失業率，高失業率會令市場消費慾望減低，所以又回到一開始的低市場需求。這個邏輯鏈會不斷循環，從而惡化整個經濟景氣。

和布雷頓森林體系的時候不同，在體系崩潰後由於沒有了貨幣價值（如與黃金掛鉤）對貨幣量的限制，這個時候國家央行便可以印製貨幣並投入市場，進而刺激投資和消費意願。當然，對於社會中的資本家和國民而言，

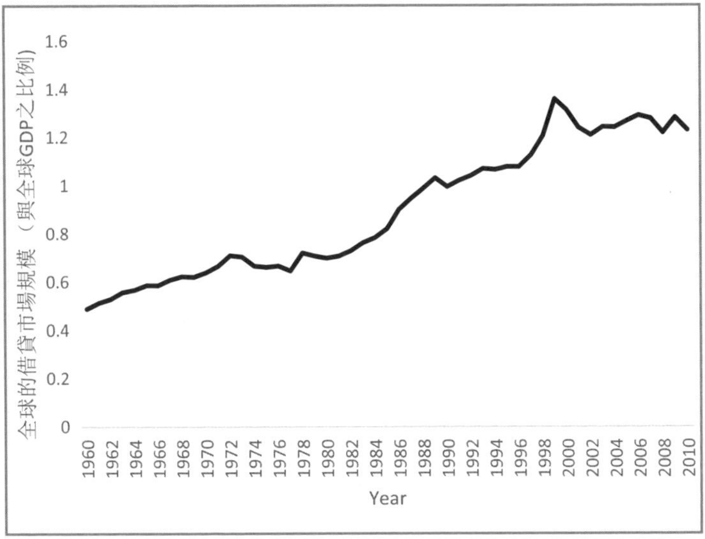


**圖14　全球借貸市場與全球GDP之比例圖**

Data Source: World Bank World Development Indicator（WDI 2014）

新列印出來的貨幣不是從天上掉下來的餡餅，而是透過國家中央銀行以借貸方式給予普通銀行，然後再把錢借給私人或企業，從而刺激貨幣周轉率（Money Velocity Ratio）[20]。圖14便是最近五十年間全球的借貸市場規模和GDP的比例。同樣，我們發現它和貨幣供應量一樣是不斷上升的。

經濟學家巴古斯和馬夸特（Bagus & Marquart,2015）也認為雖然世界各國的中央銀行和政府，表面上看起來各自獨立運營，但實際上是暗中合作，一起印製貨幣投入市場。除了之前用借貸的方式之外，政府也會用回購的方式買回之前向民間貸借的國債，也就是量化寬鬆政策（QE, Quantitative Easing）[21]。首先，國家政府向中央銀行借錢。中央銀行便會列印鈔票出來借給國家政府。國家再用這些錢向民間買回之前借來的國債。這樣一來，國家便無需動用國庫便能還債。另一方面中央銀行也成功把錢投入了民間市場，從而刺激經濟。由於這個合作模式中的貨幣某個程度來講是無中生有的，整個過程一來一回，市場中的貨幣量無形中就會變大。但中央銀行和政府認為，這樣不僅僅能刺激投資消費，也能讓貨幣貶值有利於出口，從而挽救經濟危機後的國家經濟。這個量化寬鬆的遊戲便是一個可多印鈔票令市場貨幣周轉率上升，但不會影響貨幣信譽的遊戲。

我並不懷疑貨幣寬鬆的政策能帶來立竿見

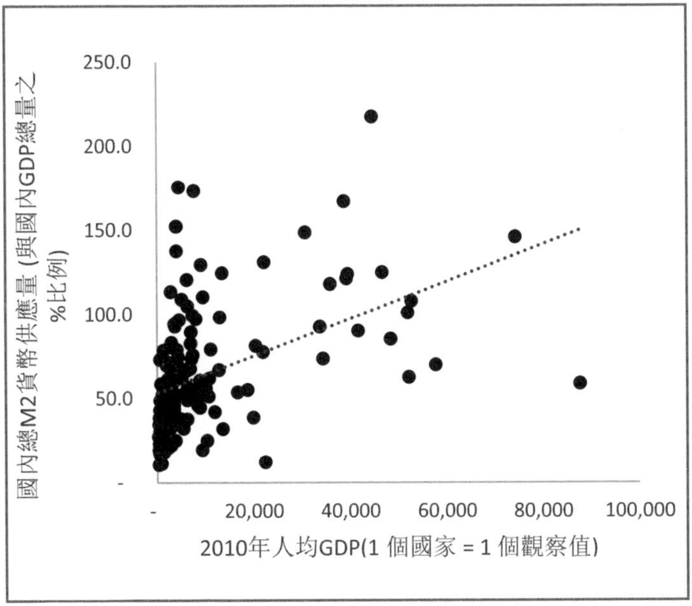


**圖15　全球各國人均GDP與貨幣供應量關係圖**

Data Source: UN Database（2016）and World Bank World Development Indicator（WDI 2014）

影的短期效果。但很多人都沒有意會到或無視貨幣寬鬆政策帶來的副作用，而這就是富國越富而窮國越窮的原因之一。

圖15顯示了世界各國在二〇一〇年人均GDP和同年該國的貨幣供應（M2）（與GDP的比例）的關係。每一個點（觀察值）為一個國家。從這一張圖我們能看出，一個國家的人均GDP和它的貨幣供應量是有正面關係的。換個角度說，越是富有的國家（高人均GDP）它會需要更多的現金來支持它的經濟發展。正如前文所述，在七〇年代布雷頓森林體系崩潰後，世界已經沒有任何體系來規範一個貨幣的價值了。可以說，貨幣的價值完全是靠投資者對哪款貨幣的信賴度來決定的。

當人們認定美國是個穩定可靠的大國，那拿美元向美國政府換黃金的話也一定能換得到，所以美元是可以信賴的。大家在交易時也願意用美元作為交易貨幣，大家購買美元所以其價值也依然堅挺。同樣的邏輯也可以套在其他貨幣如歐元、日元、瑞士法郎等等，只是這些貨幣相對沒有美元那麼受歡迎而已。由於信賴感是一項非常主觀的標準，即便國家的中央銀行為了刺激經濟進行短期的貨幣寬鬆政策，也不會大幅度影響主要貨幣的價格。然而，一旦列印鈔票政策被濫用，下一次的經濟危機也就不遠了。為了刺激經濟而發行新貨幣，一旦貨幣過度氾濫的話，資本價格如房地產或股市就會價格上升甚至出現泡沫化。當泡沫累積到一定程度也就必然崩潰，隨之而來的便是經濟危機。

在這裡我必須重申，紙幣的本身只是一張紙，本身並沒有任何價值，而製造它的成本也非常低。政府與央行多印了一億美元，難道就等於社會上多了一億的財富嗎？其實不是，市場上財富的總量應該是所有東西的價值加起來，而不是有多少張鈔票。貨幣政策只是希望透過加大貨幣量，讓錢和經濟翻滾起來而已。貨幣政策的本質是通過放貸方式借給民間社會，通過消費投資刺激經濟。當經濟發展起來民間有錢後，多印出來的錢本應還給政府與央行。換言之，貨幣政策的本意是把未來的現金流挪到今天來用。我們斷不可輕易把一個槓桿過度化的社會視為經濟繁榮，也不可把資產泡沫視為國家經濟强大的表現。

經濟發展的本意應該是一個市場實體經濟自然的需求，和供應相應同步增加，但是有些國家為了刺激經濟，濫用自己貨幣的公信力，希望透過控制貨幣供應量來刺激消費投資。這樣換來的經濟增長，豈不是本末倒置，違反了原本經濟發展的定律嗎？

## 2.4 小結

在這一章，我們反駁了科文（Cowan,2014）關於最近幾十年因全球化窮國開始追趕富國的結論。我們從數據中看出事實並非如科文所願。筆者並不否認全球化的進程向世界整體帶來了財富與GDP的增長。但很可惜的是全球化並沒有讓所有的國家獲利，依然有一些國家被遺忘在全球貿易的角落。另外，即使是全球化中的獲益者，其中的利益分配也不平均。在已發展國家和發展中國家的貿易中，前者獲得了貿易利益中的大部分。發展中國家的GDP的增長率並沒有明顯高於已發展國家。換言之，中國等金磚四國的成功只能算是全球化中的特例，事實上就整體而言，全球化把富國和窮國的距離拉得更遠了。

另外，自上了世紀七〇年代後布雷頓森林體系崩潰後，世界已經沒有像黃金價格一樣可對貨幣價值掛鉤的規範。因此，許多國家嘗試透過控制貨幣發行量和流通量進行經濟宏觀調控。就筆者的研究與觀察，一個國家的人均GDP和它的貨幣發行量有很明顯的關係。也就是說，一個國家貨幣流通越多，人均GDP越高。所以有些富國的人均GDP高於其他國家，也許並不是其實體經濟強於他國，而只不過是貨幣量更多而已。由於貨幣供應量並不是經濟發展的本質，筆者十分擔憂這些國家的資產泡沫會慢慢累積，總有一天會爆破，進而帶來新一輪的經濟危機。

然而，高科技的發展並不是國家之間的貧富差距加大的原因。事實上，相對發展落後的國家在發展和應用高科技時，更有可能具發展後勁使其超過已發展國家。而且，高標準化的高科技對於發展中國家的勞動力而言更加容易上手，在不需要太多訓練的前提下便能馬上進行生產，從而使得發展中國家的經濟發展更加迅速。

Chapter

3

# 國內人與人的貧富差距

從這一章節開始，我們把視角從全球國與國的貧富差距，縮小範圍到某一國家國內國民與國民之間的貧富差距。你也許會問，為何不將全球人口視為一個整體來進行貧富差距分析，而是以國家為單位只針對某國國民進行內部分析呢？

其原因主要有二。第一是由於國與國之間有物價差異，很難用統一標準判斷其實際收入差異。例如在二〇一七年十二月，一塊歐元可以換到大約三十六元新台幣。在荷蘭的麵包店買到一個可頌大約要花一．五甚至到二歐元，但是在台灣同樣的價錢可以買到二到三個可頌。換句話說，同樣的幣值在台灣比在荷蘭更好花，可以買到更多的東西。又例如，在二〇一六年台灣的人均ＧＤＰ是中國大陸的三倍左右，但由於中國大陸的東西相對比較便宜，可用更低的價錢買到大約同等質量的貨物，所以直接進行意義比較不大。用這個辦法直接比較大陸和台灣的話，我們很容易得到台灣人比大陸人有錢等等的結論。但這樣其實並不完全公允，也無法反映出真實生活水平。

其實，經濟學者們已對這個問題有解決辦法。經濟學家在比較各國物價時可以使用購買力平價的辦法（PPP, Purchasing Power Parity），來盡量用統一客觀的方法來評估生活水平。可惜的是，PPP的計算非常複雜也非常耗時耗力。全球PPP的更新也是好幾年才發表一次，無法用它來進行長時間以年為單位的研究。第二，現在地球上有超過七十五億的人口，要對所有人的收入進行分析研究是一件不切實際的事。事實上，已經有學者開始進行全球所有人大範圍的貧富差距研究，但所使用的方法是利用樣本抽查加問卷的方法來進行，再加上全球人口貧富差距的研究是從二〇〇八年開始，時間不長。我們沒有辦法利用這個指標進行一九六〇年到二〇一〇年的研究。相反地，世界各國（尤其是西方國家）對本國國民的實質收入和貧富差距情況的研究由來已久。美國和英國在世界第二次世界大戰後就開始研究此課題，中國大陸也在三面紅旗時期結束後的一九六四年前後，開始進行這方面的資料收集。所以以國家為單位觀察國家內部的貧富差距相對比較客觀，也比較簡單。

在國家內部貧富差距的部分，筆者選擇了美國、英國和中國的基尼係數數字作為研究對象。選擇這三個國家的理由主要有二。

**第一**，這三國代表了國家發展不同的階段。英國是第一次工業革命發展的國家，已經有相當發達的經濟水平。但在戰後走相對偏左的道路發展全民福利國家。美國是第二次工業革命的代表，可以說是世界第一強國，至今依舊擁有世界霸權。中國雖然在改革開放後經濟迅速發展，但相對還停留在工業社會發展中國家的階段。

**第二**，本書分析貧富差距的三個面向也和這三個國家有很深的關係。無論是全球化、科技發展還是貨幣政策，這三個國家都扮演著重要但不同的特色。英國在二〇一六年的脫歐公投被視為是打響了全世界反全球化運動的第一槍。另外中國與美國一方面是全球化進程中最大的勝者，但同時也是在二〇〇八年後實施量化寬鬆增加貨幣供應量最快的國家之二。這三個國家各具不同的特點，由它們作為突破人口分析主要大國的貧富差距情況最為合適。

其實在二戰後很長一段時間，學術界的主流意見是跟隨顧志耐的。顧志耐主要認為工業革命時期貧富差距惡化只是暫時現象，不會像馬克思認為那樣的貧富不均，會一直延續下去直到社會最底層進行革命推翻上層資本階級。顧志耐認為貧富差距的出現是因為資本主義發展水平不夠高，顧志耐用一戰後西方國家的數據證明只要人均GDP累積到一定的量的話，隨著中產階級的崛起貧富差距便會慢慢下降。這也是前文提到的「顧志耐曲線」。很可惜的是，顧志耐曲線只是顧志耐的一廂情願。我們繼續用數據來說明。

圖16為美國、英國、中國在一九六〇年和二〇一〇年間的基尼係數。要注意的是，在這五十年間三國的GDP無論是人均還是總量都是在上升的，如果顧志耐曲線是正確的話，我們至少應該看到英美兩國的基尼係數是呈下跌的趨勢。如果細看圖16，我們不難發現英美在一九七〇年之前勉強可以說是跌勢，但之後都開始上揚了。如此看來，國家財富越多貧富差距越少的理論並不成立。

讓我們先把目光投向美國。美國的基尼係數最高點是在一九三三年的〇・六。門德豪森（Horst Menderhausen 1946）認為這是一九二九年美國金融危機的後遺症，美國的股災令失業率高漲並讓許多家庭

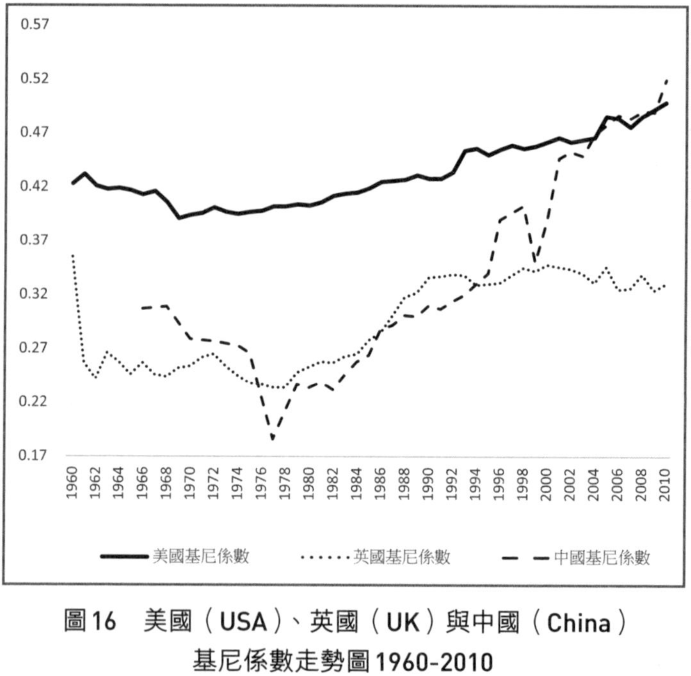


**圖16　美國（USA）、英國（UK）與中國（China）基尼係數走勢圖1960-2010**

Data Source: Brandolini（1998）; US Census Bureau; OECD StatExtract; Jain（1975）; IFS, Inequality Spreadsheet March 9（2004）; Eurostat; Dowling and Soo（1983）; Chai and Chai（1994）; Bramall（2001）; World Bank Poverty Monitoring Database（2002）; Chotikapanich et al（2005）; Li Shi（2005）

失去了收入。但老羅斯福總統在三〇年代實施新政（New Deal）[22]後，一切正如顧志耐曲線描述的那樣，美國的基尼係數一直在下跌，直到七〇年代的〇．三五～〇．四的水平。在這段期間，美國的GDP約略增長了四倍。一方面貧富差距的改善和GDP的大爆發令當時許多人相信顧志耐是正確的。但在一九七〇年後，美國的貧富差距止跌反升，一直到二〇一〇年的〇．五都未見有停止的趨勢。

我們再看英國的狀況。英國的基尼係數從走勢上來看和美國非常相似。英國的基尼係數最高點是在一八六七年的〇．六左右，而且在二戰前有相當長的一段時間英國的基尼係數皆高於美國。之後英國進行了內部改革，開始了發展社會福利制度。在此之後，英國的基尼係數開始一直下跌，而且在二十世紀二〇年代與美國交叉跌破其貧富差距水平（圖5），一直到一九七〇年前後。之後英國的基尼係數開始反升到〇．三的水平直到一九九〇年。最近的二十年英國的貧富差距係數相對穩定沒有明顯起伏。有趣的是我們發現英國的基尼係數上升的時期，剛好與英國首相柴契爾夫人執政的十一年（一九七九至一九九〇年）重疊。柴契爾夫人執政期間進行大刀闊斧的改革，英國政治風向大幅度右轉。首先，柴契爾夫人讓許多國營企業私營化。在柴契爾夫人剛上台時，當時英國的水力公司、電力公司、航空公司、鐵路等均為國營，慢慢在政府政策的干預下私營化。另外，柴契爾夫人改變之前左派政府遺留下來的福利政策，大力削減福利令窮人從政府拿到更少的補助，從而促進市場經濟的機制與社會中的投資消費。一方面她的政策令財富集中有利於英國經濟發展，但其代價便是不斷上揚的貧富兩極化。

中國一直在三面紅旗運動結束之前，都沒有官方組織對民間的收入與貧富差距進行詳細研究。一九六三年中國的基尼係數在〇．三左右。一九六六年中國爆發文化大革命，國家經濟幾乎癱瘓。由於當時的中國並沒有發展資本主義，資本階級也基本不存在。在文化大革命期間，中國大陸的基尼係數一直跌到〇．一五的水平直到文革結束。在這期間，與其說這是一段大家收入平等的時代，還不如說這是一段大家都一貧如洗的時代。文化大革命運動結束於一九七七年，中國大陸的領導核心從毛澤東變成了鄧小平，後者反對激進政治運動並主張需要特別是在經濟層面上的改革開放，中國大陸開始接受外資並專注於經濟發展。鄧小平的確讓一部分人先富起來，令中國大陸在經濟不斷蒸蒸日上的同時，國家的貧富差距也在不斷上揚。在二〇〇二年中國的基尼係數超過美國，並在二〇一〇年一直上升到接近〇．五的水平。

正如上一章所分析的國與國之間的GDP差距一樣，以下我們繼續再用全球化、科技發展和貨幣政策三個面向，來分析為何美英中三個國家在一九六〇年和二〇一〇年之間出現貧富差距惡化的現象。

## 3.1 從全球化看國內人與人的貧富差距

在上一章討論國與國之間的貧富差距時，筆者已經提出以全球貿易量上升為標誌的全球化，實際上令到世界各國的GDP差距變得更大。已發展國家的資本家拿著資本來到發展中國家進行投資（例如設立工廠），表面上實現了雙贏，但從全球宏觀來看並非如此。首先交易雙方利益不均，資方拿走的利益遠高於發展中國家。而且，被投資的基本上是亞洲國家或金磚國家，許多非洲和南美國家並沒有享受到全球貿易的紅利。

在上一章借用圖17來解釋國家之間的貧富不均問題。當我們把A和C點視為不同的國家的話，A和C點的國家便為全球化之中的贏家，並獲得了最多的GDP增長；而B和D點便是輸家。有趣的是，同樣的圖我們也可以用另一個方向來解讀。如果我們把C和B點視為某個發達國家的整體的話，C便是大贏家，而B點便是輸家。C點可以視為某個已發展國家的上層資本家階級，他們透過對發展中國家的投資獲得相當可觀的回報，並實現了財富大爆發。相反地，生活在同一個國家的人（B點）並沒有獲得太多實際收入的增加，購買力和一九八八年相較，基本上是原地踏步。

這一點我們可以從美國作為例子說明。美國的基尼係數從一九七〇年的最低點〇．三五上升到二〇一〇年的〇．四五左右。

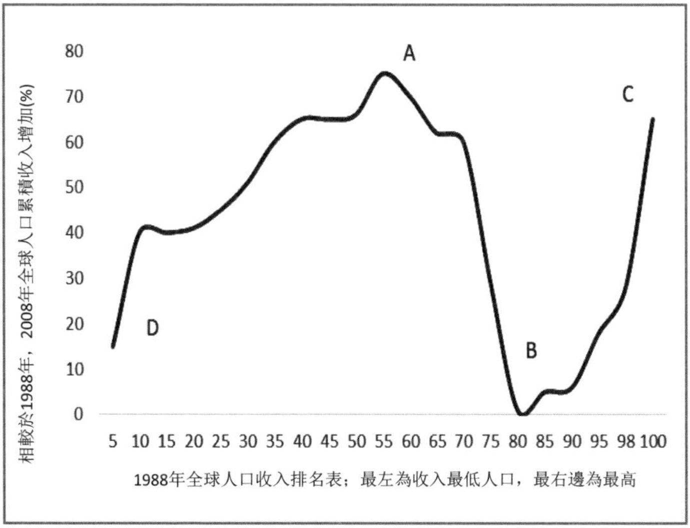


**圖17　1988年與2010年間，全球各階層之收入增長一覽圖**

Data source: Lakner and Milanovic（2015）

美國的貧富差距的惡化可以從兩個方面來切入解釋，一是美國的貧窮人口，而另外一個是美國最富人口佔美國GDP的比例。

圖18是一九六〇年到二〇一〇美國貧窮人口的比例圖，我們不難發現在一九七〇年之前美國的貧窮人口比例一直下跌直到一九七二年，之後貧富人口比例一直保持平穩。在這裡要關注的是：第一，美國關於貧窮線的定義一直沒有太大的改動與更正。第二，美國的GDP總量在一九六〇

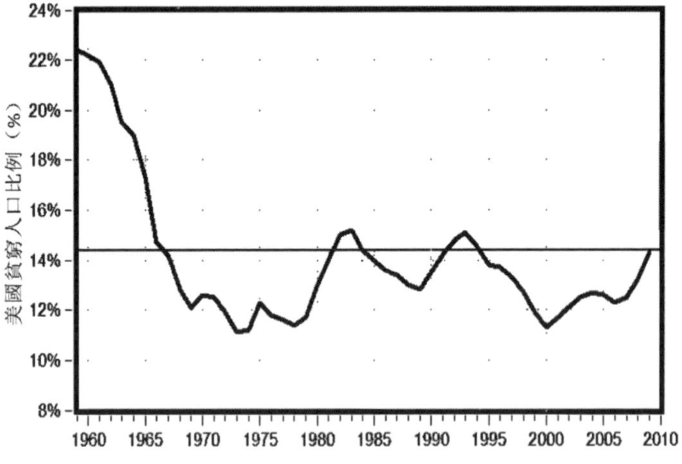


圖18　美國貧窮人口比例圖

Data Source: US Census Bureau

年和二〇一〇年間翻了近五倍。我們可以嘗試這樣思考，如果一個國家的財富翻了五倍，大家覺得這個國家的窮人人數佔全國比例是應該變多？還是變少呢？一般都會認為一個國家如果變富有，窮人應該是越來少吧。但圖18給予我們的事實卻並非如此，在這五十年間窮人佔美國總人口的比例一直都在一一%～一五%間徘徊。換言之，美國在財富大爆發的五十年沒有把更多的社會底層拉到貧窮線之上。那這五十年的新增財富都跑到哪裡去？不言而喻。

圖19為美國最富的一〇%人口所佔美國總GDP的百分比。我們發現從一九五〇年到一九八〇年，美國最有錢的階級佔美國三五%的收入。但在一九八〇年全球化加速後，這最有錢階層所佔的財富迅速飆升。在二〇一〇年甚至上升到了五〇%的水平。美國貧富差距之嚴重由此可見。

我們也可以從美國的政治生態來看美國的貧富差距問題。由於全球化的興起令許多人為的貿易壁壘（如出入口關稅）消失，發達國家更加偏好選擇把資產投放在勞動成本更低的發展中國家，而這樣卻損害了美國藍領階層的利益。在圖20我們可以看到美國人的薪水佔全國GDP比例在最近五十年中不斷下降。換句話說，美國經濟的推動更多的是靠資本家投資獲取的回報和利潤，而不是勞動者的薪水。

在二〇一六年的美國大選中，當時候選人川普（Donald Trump）喊出要把離開美國的製造業崗位從發展中國家搶回美國的口號。而最後川普的勝選也證明了美國藍領階層的憤怒

圖19　顧志耐曲線的反駁與美國最高收入人口佔GDP比例圖

Data source: US Census Bureau

與無助。傳統上來說，美國兩個最大的工會勞聯（American Federation of Labor, AFL）和產聯（Congress of Industrial Organizations, CIO）在歷史上一直都是美國民主黨的票倉，但令人感覺非常意外的是在二〇一六年的大選中，勞聯和產聯均公開表示支持共和黨[24]。

因為工人階級慢慢發現，在全球化自由貿易的深入和工業自動化的不斷升級，令他們覺得透過罷工等方式表達訴求變得越來越沒有效果。換

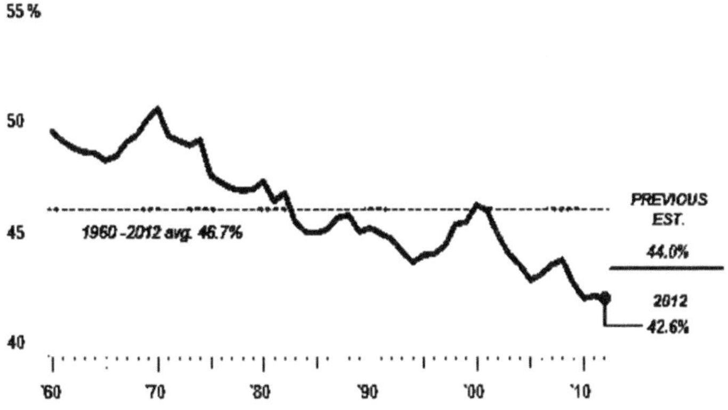


**圖20　1960年至2012年美國薪水收入佔全國GDP比例**

Data source: New York Times[23]

句話說，工人在全球大勢下與資本家的談判籌碼（Bargaining Power）變得越來越少。但在同時，表面上看起來更左、更會捍衛工人利益的民主黨卻對此顯得非常無力和無能。民主黨執政期間面對的兩難是，一方面如果捍衛底層利益對資本家進行加稅，資本家便會利用全球自由貿易的優勢把資本帶離美國，這樣便會損害美國經濟發展。但另一方面如果不這樣做，便無法兌現競選時對社會底層的承諾。很顯然地，歐巴馬（Barack Obama）總統選擇了發展國家經濟留住資本家，而沒有站在工人那一邊。這樣便解釋了工人階級與上層社會的收入不均如何影響美國大選結果了。

與美國同為發達國家的英國，其貧富差距卻遠低於前者。其真正主要原因為英國的福利社會制度（Social Welfare System）。與美國相較，英國擁有高的稅收制度，並把社會上層的收入進行再分配（Income Reallocation）給社會下層。事實上，進行收入再分配的國家不僅僅是英國，許多歐陸國家在二戰後也實行同樣的政策。從圖21我們可以發現排名收入稅率最高的國家前十名除了英國之外，其它也均

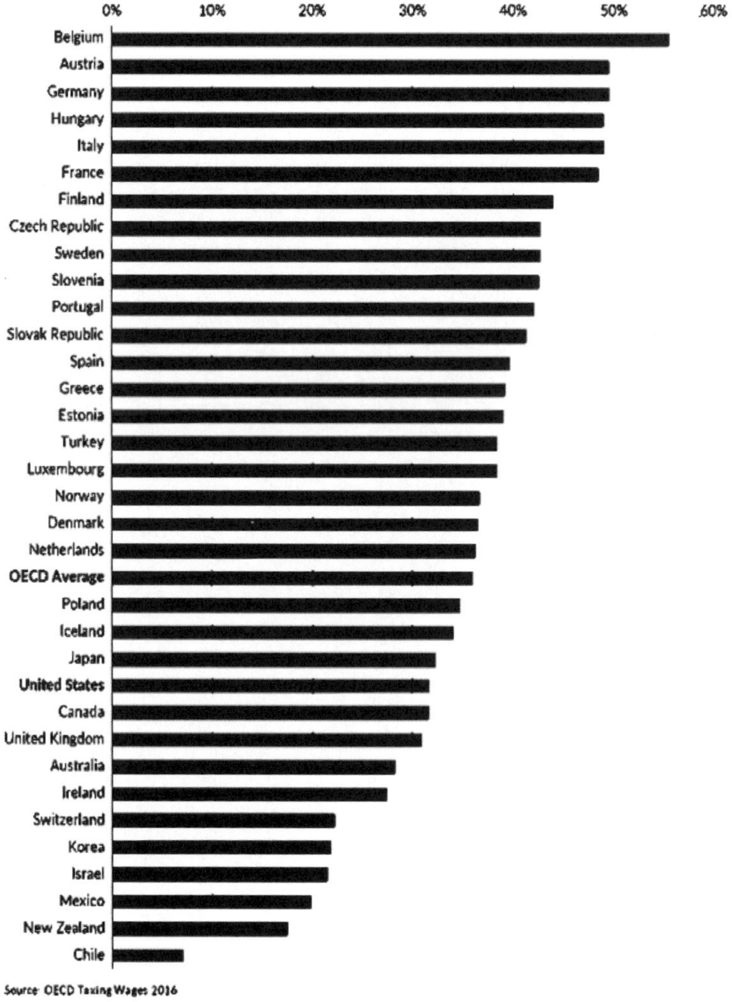


圖 21　全球各國平均收入稅率排名

Data Source: OECD Taxing Wages 2016

為歐陸或歐洲國家。而這些國家的基尼係數在全世界中相對也是最低的。這也證明了政府推行收入再分配對壓制貧富兩極化的重要性。另外，社會下層對於社會整體的影響力也遠高於美國。英國的傳統工會（Labour Union）和工黨（Labour Party）便是一個最佳的例子。雖然在八〇年代受到一定的政治打壓，但這些工會幫工人階級發聲使得社會底層的利益不會被無視。社會中有從上至下和由下至上的勢力影響著，貧富差距因而不會無止境擴大。

雖然中國是全球化中的大贏家，其GDP也在跳躍性的膨脹，並非常有可能在不久的將來超趕美國，成為世界第一大國。對於中國國人來說，GDP的增長一方面帶來更高的收入和生活水平，但另一方面來說，GDP的增長並沒有平均分配給每一位國民。中國的二〇一〇年基尼係數，在本書所研究與探討的三個國家中是最高的。

一九七八年鄧小平推行的改革開放改變了中國的發展模式。中國開始一方面接受外商對中國的投資，另一方面也開始把中國製造的商品出口到國外。貿易變成了中國發展模式和經濟體非常重要的一部分。圖22便是貿易佔中國GDP整體的百分比。但偏偏是這個令經濟高速發展的模式，讓中國的貧富差距在改革開放後三十年不斷惡化。而中國的貧富兩極化問題可以從兩個面向來分析。

**第一**，國際貿易獲得紅利並沒有平均分給國家政府與民間。中國大陸在二〇〇〇年到二〇一〇年之間的平均經濟增長為一〇%左右，但在同一個時段國家對民間的稅收變為每年上升二〇%。另外，中國的民間企業與國營企業的競爭並不公平。國營企業到今天為止依然壟斷中國某些營利非常客觀的關鍵產業（如石油、金融和通訊），這些行業始終不對外資和民資開放。而且，中國政府的貪腐問題十分嚴重，許多產業裡的民營企業為了在競爭上獲得更大的優勢從而攀附和讓利於政府。

**第二**，除了存在政府與民間的不平等外，民間內部也充滿了收入不均的現象。中國的經濟發展政策令發展資源極度集中在大城市中，從而製造規模經濟效益（Economy of Scale）[25]。這樣便產生城市和農村的富裕程度不一。另一方面，即便在城市裡也充滿了兩極化。全球貿易自由化令中國城市創造了許多工作機會。

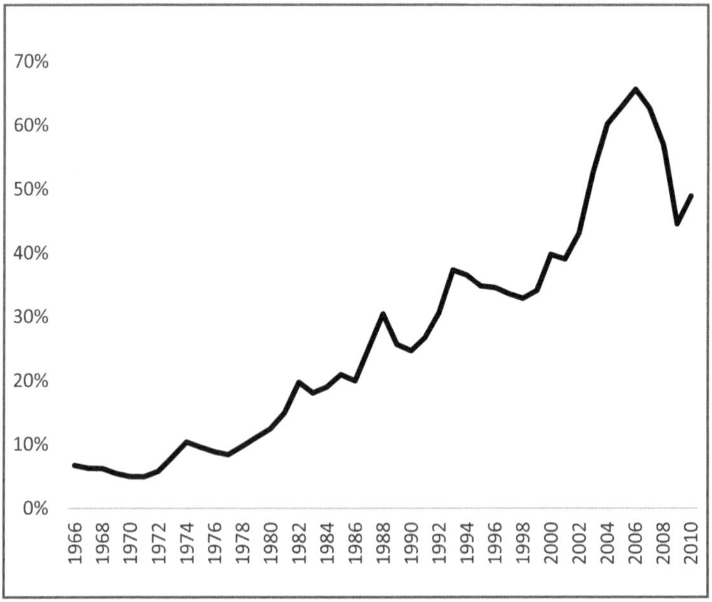


**圖22　貿易額佔中國GDP總量圖**

Data Source: World Bank World Development Indicator（WDI 2014）

姑且不論打工仔的薪水差別非常之大，中國大陸的戶口制度令農工與民工進入城市工作，也不能和城市人一樣獲得一樣的權利與生活的保障，這些權利包括買房、醫療和教育。戶口政策甚至會延伸至下一代，令外地工人的第二代即便在城市出生，一樣無法獲得城市戶口的身份。即使外地工人幫助中國在全球化的大勢中獲得人口紅利，但依然必須忍受在社會中不公平的對待。

另外，值得一提的是，中國大陸政府似乎對解決城市和農村人口的貧富差距問題顯得毫無興趣，直至今日依然有非常嚴格的戶口制度來分開農村和城市人口。鑑於中國大陸從二〇一〇年後年出現勞工短缺與薪水快速上揚的狀況，很有可能中國大陸已經越過了路易斯拐點（Lewis turning point）[26]，在他日遇到經濟危機的時候可以考慮放寬甚至取消戶口制度，從而從農村繼續解放勞動人口到城市，促進經濟發展。

## 3.2 從科技發展看國內人與人的貧富差距

關於科技發展和人力勞動關係的討論由來已久。早在工業革命中後期便有左派學者提出資本投資不利於人力勞動的價值。在生產中越多用資本對機器的投資，對人力勞動的需求和價值就會越低，進而使得社會貧富差距變大。但時間進入二十世紀特別是在七〇年代後，學術界對於科技發展和人力勞動的關係出現了新的理解。越來越多學者認為科技發展和人力勞動是一種互補的關係，是否引起貧富差距的問題核心在於教育水平。在一九七〇年代，科技高速發展使得人們開始思考國家的教育水平是否有足夠的人才來駕馭新科技，也就是說教育水平和科技發展更像一場賽跑。教育水平必須能夠追得上科技的發展，如果教育不能培養出足夠的人才供應市場的話，能夠駕馭科技的人就會獲得高薪並且壟斷社會資源，而貧富差距便會產生。

從另一方面來說，時至今日，新科技日新月異。不同的新技術也在經濟不同的社會領域被應用。例如電訊行業、訊息行業、金融等等。這些行業所需要的專業技術人才也會越來越多，越來越精細。另外，整個社會對於高學歷的定義也出現了很大的改變。在一百多年前的西方國家，也許國中或國小畢業便會被視為高學歷。但是現今教育普及，即使有大學畢業文憑的話也不一定能保證有就業競爭力。這就導致社會上只有少數人能趕上科技的潮流。在這兩方發展的趨勢下，到底科技與教育的賽跑誰勝誰負呢？

現今歐美國家，只要有能力的話，金錢一般不會是進入大學校門的阻礙。在英國，大學和政府會對大學生頒發獎學金和助學金，讓社會中所有階層均有機會接受學術教育。在美國同樣有獎學金制度，從而保證市場中有足夠的人才供應。在二十世紀的前七十年，美國的大學教育出來的學生畢業後薪水，並沒有明顯高出沒有讀過大學的人。但迪頓（Deaton, 2013）在他的研究中發現美國人有接受大學教育和沒接受過大學教育的人的收入差距開始擴大。圖23便為服務業（需接受高學歷的人力勞動）和製造業（無需接受高學歷的人力勞動）的薪水差距。圖中我們不難發現在服務業中工作者的薪水差異大於製造業，而且差異越來越大。

迪頓認為原因有二，第一市場對於技術人才的技能越來越精細，大學裡的技術通才教育難以滿足市場許久。第二，科技發展實在太快，更是日新月異。例如在二〇一五年左右大家都在談論大數據，而在二

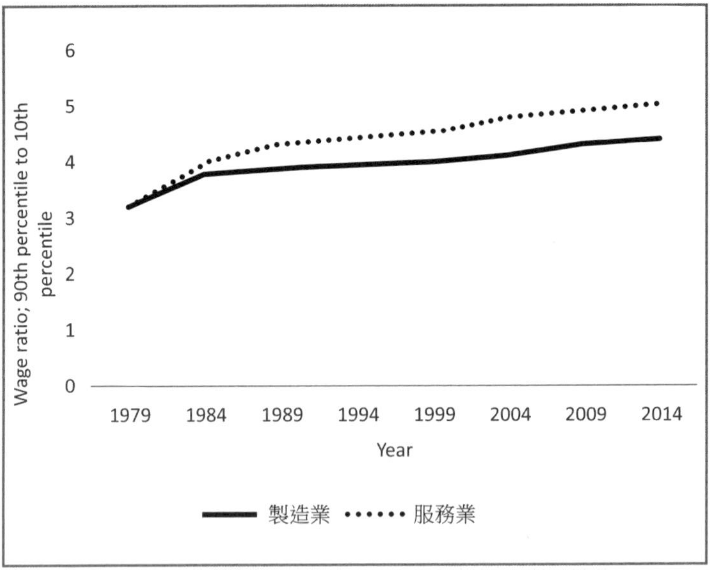


**圖23　美國製造業與服務業中的貧富差距，1979-2014**

Data source: CPS ORG ( Current Population Survey Outgoing Rotation Group )

○一七年大數據已變得過時，而取而代之的便是人工智能的話題。變化得如此快的市場，恐怕也使得大學不能與時俱進培養出足夠的專業人才！

另外，科技發展令已發展國家的收入差距變大也與製造業本身的性質有關。雖然我們成功地把一部分的勞動力，從在工廠進行體力勞動變成服務業工作，從而避免了大範圍的失業。但是服務業的定義非常的廣。一位律師、醫生或工程師我們可以稱他為在服務業或第三產業工作，但同時一位掃地的清潔工和麥當勞的收銀員，在理論上他們也是服務業，但後者的收入和前者相比簡直就是天壤之別。所以，即使科技發展沒有使得人們失業，但看起來顯然也沒有辦法阻止收入差異的不斷擴大。

在之前的篇章，我們已經討論過像中國的發展中國家，在發展新科技是擁有後發制人的優勢。但這只是作為國家整體如此，如果落到中國國民個人的話情況可能不一樣。事實上，高科技的紅利只能造福國內的上層和中產，對於國家主體的地下層（如農民階層）關係不大。時至今日，中國大陸的城市化比率（Urbanization rate）也只是五一．八％而已[27]，與歐美國家八〇％以上的城市人口相比，還有許多人居住在農村。即使有中國民營企業投資高科技產業，有外商利用高科技投資設廠並招聘工人，獲利的也只是中國社會中的少數上層而已。

## 3.3 從貨幣政策看國內人與人的貧富差距

在前面的章節，我們已經證明了全球貨幣供應量和國家之間的GDP差距有強烈關係，一些比較富有又或者說人均GDP越高的國家，他們的貨幣供應的相對比例越高。但一個國家的貨幣供應量是否又會影響國家內部人民的貧富差距呢？在這個章節裡一併做討論。

圖24就是一九六〇年到二〇一〇年美英中三國貨幣供應量與GDP總量的比例關係。我們知道在布雷頓森林體系崩潰後，世界的各種貨幣已經沒有了客觀的規範標準。每一個國家或央行理論上都可以根據經濟狀況調整自己的貨幣政策。美元與美國GDP的比例在五十年間一直保持在六〇%到八〇%之間。相反，我們發現英鎊和人民幣在一九八〇年後貨幣供應大幅提升。到二〇一〇年，中國的貨幣供應已經是接近本國GDP的一八〇%。關於中美兩國的M2貨幣供應量我們可以從另外

一個面向來解讀。在二〇一七年，中國的GDP為一一·二萬億美元而美國為一八·五萬億美元[28]，也就是中國的國民生產總值只是美國的六〇%不到。但如果我們以貨幣供應量來看這兩個國家的話，同年中國的人民幣M2供應量為二三·五萬億美元，而美國僅有一三·一萬億美元。

換言之，中國大陸需要

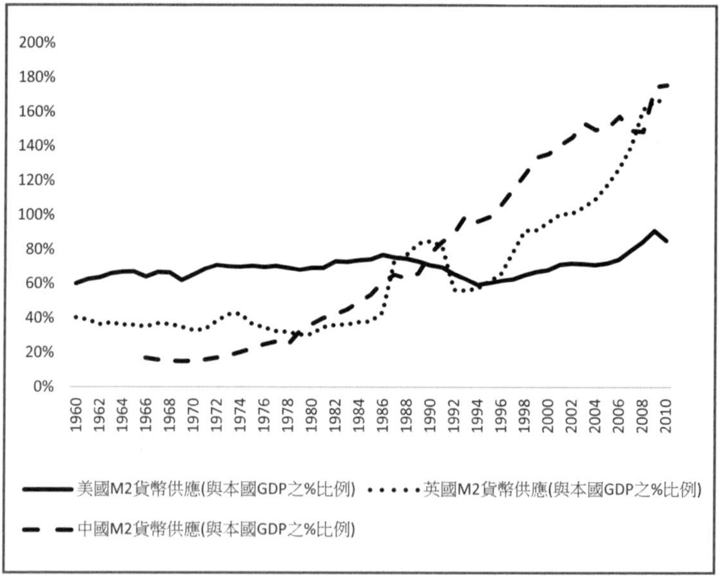


**圖24　美國、英國及中國廣義貨幣（M2）貨幣供應圖**

Data Source: International Monetary Fund（IMF 2014）

兩倍於美國的貨幣供應量，來支撐美國六〇%經濟總量。當然，筆者並不認為貨幣供應量是經濟發展的唯一指標，也不是說鈔票越多經濟越好。但中國如此巨大的貨幣供應量到底最後發展會如何？而假如中國的貨幣供應量像美國一樣只有GDP的七〇%的話，中國經濟是否會出現像現在一樣的高經濟發展呢？

本來，貨幣政策最開始的初衷，是用來調整商場上出現的通貨膨脹和通貨緊縮的。自由經濟學家密爾・傅利曼（Milton Friedman, 1987）雖然不同意在經濟不景氣時由政府直接干預市場，但他同時也主張可以間接透過利息的利率來調控市場。例如，傅利曼認為在經濟不景氣出現通貨緊縮時，國家中央銀行可以降低利率，從而刺激市場進行貸款的意願[29]。另一方面，低利率的話會減少存錢的誘因，提高其機會成本[30]，能讓更少的人選擇儲蓄存錢。如果某個國家認為判定某貨幣政策是否成功的標準只有GDP增長，而不用去管其他副作用和長期負面效果的話，相信貨幣政策也許是一個非常好的方法。無論是美國、英國還是中國，在一九六〇年和二〇一〇年之間都實現了非常高的經濟增長。即使如此，我們也不可以無視貨幣寬鬆政策對社會帶來的負面副作用。例如，過度印製和發行鈔票會讓市場出現過度槓桿、通貨膨脹等的問題，我們不能忽視。

筆者不只認為過度的貨幣供應不僅讓富國和窮國的GDP差距越變越大，鈔票過多也會使得國家內部的人民之間的貧富差距變大。請各位就以下的問題一一來做思考。

首先，是現在全球的貨幣發行體制問題。事實上世界上大部分國家的貨幣發行權是由每個國家的中央銀行所壟斷的，也就是說只有央行才可以發行貨幣。美元有美聯儲（Federal Reserve），歐元有歐洲央行（ECB, European Central Bank），中國有中國人民銀行，日本也有日本央行（BOJ, Bank of Japan），他們都是該國唯一可以發行貨幣的銀行。但其實由國家來獨攬發行貨幣，真的是理所當然的嗎？

在人類社會結束以物易物（Barter Economy）的時代後，並不是馬上就出現由國家發行的貨幣。人們一開始是用如貝殼、貴金屬等作為交易貨幣。然而，為什麼是使用金屬、貝殼而不是其他東西呢？主要原因還是貝殼和金屬在人類社會中被廣泛接納為有價值的東西。但由於金屬和貝殼的價值相當主觀，缺少對於其客觀價值的標準，所以當時由於不信任所產生的交易成本（Transaction Costs）[31]非常的高。

後來各國為了減低交易成本，紛紛由政府主導發行國家統一貨幣。古代中國的先秦和古羅馬帝國都有中央政府進行擔保，發行金屬造的貨幣，從而保證幣值。政府把貨幣的設計、大小和重量統一化，這樣無論任何人看到這個貨幣都不會懷疑它的幣值。國家統一貨幣的舉措降低了經濟發展的交易成本（Transaction Costs），令社會上的人更加容易相信對方從而促進交易量，進而促進國家經濟發展。但即便如此，古代的貨幣實物本身還是有一定的保值功能，無論是一開始的銅到後來的白銀，由於製造物料本身依然有一定價值。換言之，即使貨幣發行國的河山已不在，其國威亦不存，使用者還是可以把那一枚貨幣用火給燒溶化了用來做為首飾。

但是由於金屬供應本身有限，一旦國家經濟發展到一定規模而貨幣量不夠支撐流通量需求時，就會出現通貨緊縮，然後經濟就開始放緩。執政者為此非常頭疼。為了解決這個問題，中國在宋朝時出現了紙幣，而西方也在十八世紀時由經濟學者約翰．羅（John Law）[32]大力推動由國家和央行發行紙幣，從而在市場流通。紙幣的出現改變了流通貨幣本身的性質。紙幣本身並沒有價值，只是紙一張。紙幣的普及就有如哈拉瑞（Harari, 2017）在他的著作《人類大命運》（*Homo Deus The Brief History of Tomorrow*）所形容的那樣，人類的文明是建築在共同想像之上的。

紙幣本身就是一張紙而已，但是人們相信政府能把這一張紙變成黃金。為什麼呢？沒有為什麼，這只是根基於我們對於這張紙幣的信任和想像，而我們認為這是真實的。即使在紙上面寫著一個很大的數額，其生產成本卻遠遠低於其作為貨幣的價值。換言之，在用紙幣做交易時，大家不再完全依賴貨幣本身的價值，從而慢慢轉向對於發行者的信任，即使紙幣本身價值非常低。紙幣的誕生也並不代表政府和中央銀行可以任意發行鈔票。為了讓民眾對於政府和中央銀行所發行的紙幣價值有信心，於是十九世紀的許多利用紙幣流通的國家便使用金本位。

也就是說，讓本國的鈔票與黃金的價格掛鉤。如此一來國家和央行就不敢冒然印製鈔票，從而保證了紙幣的價值。由於貨幣與黃金掛鉤，一方面對於國家與央行來說貨幣的發行就必須根據自身的黃金儲備量來進行，不能發行太多也不能太少。如果貨幣太少，經濟無法高速發展，就有可能出現通縮。貨幣太多的話，一旦出現經濟危機，大家拿貨幣來換黃金時，政府儲備可能產生不足的狀況。另一方面，對於使用者而言，擁有英鎊、馬克、法郎就等於擁有黃金，大家也能安心使用。

金本位大約持續了一百多年，到二戰時終於撐不住了。戰爭與經濟危機直接導致金本位制度的崩潰。一方面，由於局勢持續不穩定，民眾開始對紙幣失去信心，轉而對黃金的需求越來越高，從而拉高金價。另一方面，經濟的不景氣令許多國家和央行開始思考貨幣政策的可能性。如果提高貨幣的發行量，便有可能刺激投資和消費，從而挽救國家經濟。但金本位的存在變成了貨幣政策的一大阻礙。到了第二次大戰結束後，美元變成了唯一可以支撐金本位的貨幣。美國嘗試在戰後建立的布雷頓森林體系令美元的價值和黃金掛鉤，從而換取民眾對美元的信心。但這個體系也沒有撐過一九七〇年代。一九七二年美國宣布布雷頓森林體系瓦解。之後，不僅僅是美元，其它許多貨幣由於沒有了對黃金的硬性掛鉤也就紛紛貶值。圖25

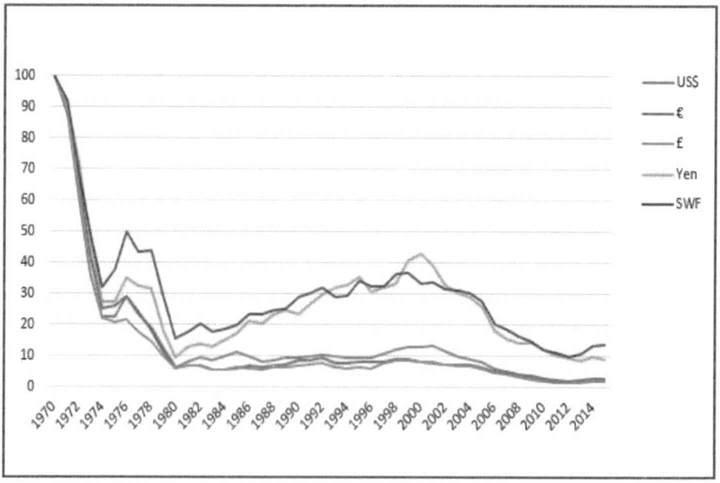


**圖25　1970年後全球主要貨幣相對於黃金的貶值走勢圖**

Data Source: The Gold Council, Swiss National Bank

便為一九七二年布雷頓森林體系崩潰後，各國貨幣對黃金貶值的情況。

布雷頓森林體系崩潰後，雖然許多國家依然堅持自己的貨幣發行量，是根據自身的黃金或外匯儲備來決定的，但由於沒有統一的客觀標準，因此所謂的發行基準也形同虛設了。

那為什麼國家和中央銀行要在最近幾十年有增加貨幣供應量的傾向？而增加貨幣供應又有什麼好處呢？

從中央銀行的立場來看，他們的主要任務其中之一就是控制好市場的流動性，避免惡性通貨膨脹和通貨緊縮。一旦出現經濟不景氣時，央行便會向市場中投入新的貨幣，一方面可增强人民對銀行的信心，另一方面可以有效刺激投資消費，進而挽救國家經濟。

從政府的立場來看，有更多的貨幣就代表政府可以有更多的錢支持政府支出。從政治的方面來看，政府支出某個程度代表的是這個政府是有作為的，可以作為贏得更多民心和政治籌碼的手段和工具。經濟學家約翰・凱因斯（John Keynes）深深地影響著第二次世界大戰前後的西方政治與經濟發展。他主張當一個國家在遇到經濟危機並深陷通貨緊縮的泥淖時，應該由該國政府主動增加政府開支刺激經濟。例如由政府主導如高速公路等的基礎設施，創造工作機會從而降低國家的失業率，並且令國家經濟繼續運轉起來。然而，一個國家的財政稅收和黃金儲備均有限，如果經濟危機嚴重的話，政府不可能無止境的進行對社會的投資，一旦出現資金短缺的話，國家有可能發行國債來獲得資金從而能夠支撐政府開支。而發行國債過度便會令國家過度槓桿化，為了令國家長期有資金支援政府開支，許多政府都絞盡腦汁地思考如何找到新的獲得資金的辦法。

正如前文所述，無論是金本位制度還是布雷頓森林體系都已在二十世紀崩潰，之後就沒有對貨幣價值和貨幣供應量的規範限制了，有一些信譽較高的國家便開始推行量化寬鬆的貨幣政策。某些國家的政府與中央銀行開始印製新鈔票，然後透過調低利率借貸和回購政府證券間接地把新貨幣投入市場。巴古斯和馬夸特（2015）認為國家政府不應該為了政績需要，而把短期的經濟發展利益視為目標。這樣的政策會導致政府對經濟問題揠苗助長，不會根本性地解決問題，只是把問題拖延到未來。

筆者認為國家政府和中央銀行為了政績而進行

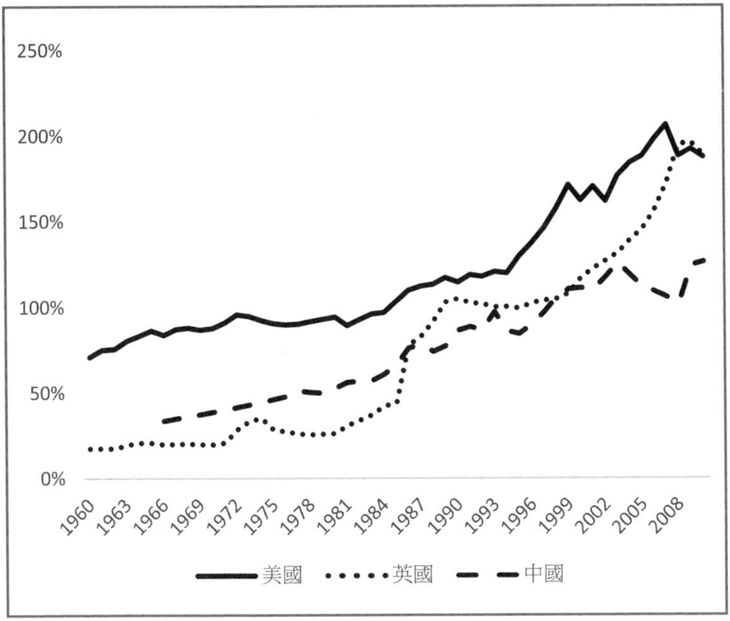


**圖26　美國、英國與中國總體債務市場與GDP的比例圖**

Data Source: International Monetary Fund（IMF 2014）

量化寬鬆是非常危險的一件事。首先，發行過量的鈔票會令市場過度槓桿化並且增加市場風險。政府為了挽救經濟景氣印新鈔票，從而讓民間企業和個人負債來刺激消費投資，使得社會整體槓桿化。而槓桿化會令社會的資產不斷上升產生泡沫，最後泡沫破裂發生經濟危機，其實得不償失。圖26為美英中三國的民間負債佔國家整體GDP的比例。無一例外，三個國家的民間負債越來越高，即使在二〇〇八年股災後，槓桿比例依然沒有明顯下降。

但比這更危險的是過度的量化寬鬆使得鈔票氾濫，會令社會不同階層的貧富差距越來越大，且差距拉大的速度只會越來越快。

而鈔票氾濫和貧富差距有什麼關係呢？其實兩者關係相當大，其關鍵字就是通貨膨脹。各位其實可以思考一下，我們最近幾十年的科技技術日新月異，以越來越厲害的科技進行生產，各位會覺得物價會越來越貴還是越來越便宜呢？理論上而言，由於科技越來越進步加上全球化的推動，世界大部分地方的製造也都應該具備更高的生產力。換言之，生產力的增加用代表同樣的成本可以生產更多的產品，也就是說平均每一件的產品成本應該更低。成本更低的話，商家為了保持競爭力應該降價才對。但事實是否如此呢？

圖27為美國、英國和中國三個國家在最近幾十年的平均物價升幅。從中我們不難發現，這幾十年除了少

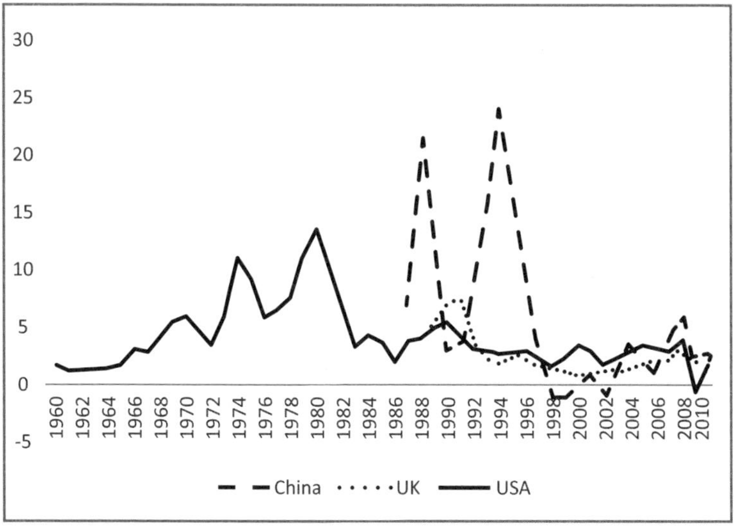


**圖27　美國（USA）、英國（UK）與中國（China）歷年通貨膨脹（%）走勢圖**

Data Source: World Bank World Development Index（WDI 2014）

數例外，基本上物價都是在上升的。也就是我們在這幾十年當中都是處於通貨膨脹的狀態。但按照以上的邏輯，生活的物價應該是通貨緊縮，東西越來越便宜才對？如果我們假設我們的收入不變，但物價上升，代表我們要花更多的錢去買同樣的東西，這就代表社會的購買力在下降。

因量化寬鬆所導致的通貨膨脹會令貧富差距加大的關鍵原因，是因為社會獲得新鈔票的時間點不一樣。如本章前段所述，新列印出來的鈔票主要是通過借貸的方式流入市場的。大家試想一下，在社會上誰會比較容易先拿到這些借貸呢？是社會資本家上層？還是社會底層的貧苦大眾呢？答案不言而喻。當然是有資產可以抵押，可以保證還款能力的前者吧。雖然貨幣流通量上升會使物價上升，但是這個過程是需要時間的。即使看不見的手在運行市場機制，也不是能立竿見影的。

當社會上層拿到新發行貨幣時，這筆新錢所引起通貨膨脹尚未發生。也就是說，他們可以用新的錢但用舊的物價來消費。當上層社會用這些錢作為消費投資後，慢慢地才會流到下層社會。這時經過鈔票多次交易，物價已經上揚了，東西變貴了。同樣的一筆錢，上層社會先用便宜的物價消費，下層社會之後再用高物價消費。反過來說，同樣的一筆錢上層社會的平均購買力比較高，可買更多東西，而下層只能忍受之後的高物價。這才是為何通貨膨脹會引起貧富差距加大的真正邏輯。

新印出來的鈔票不僅僅被用來消費，同時也會被用來投資。自二〇〇八年全球金融危機後，我們不僅發現貨幣供應增大，我們也看見世界各大城市（包括倫敦、紐約和香港等）房地產價格不斷上揚。房地產的泡沫化其實也是各國的人民貧富差距兩極化的原因。各位可以想像當社會上層借貸到新印出來的錢後，先以相對較低的價錢買到房地產，然後等通貨膨脹後房地產價格也自然上升。社會上層的房地產不斷升值使得他們更容易借到錢，然後再把錢投進房地產。這樣不斷循環令他們的財富不斷累積。而社會的下層只能忍受沒有資產卻高物價的生活。

## 3.4 小結

在這一章我們看到了顧志耐曲線無法解釋，當我們的財富和GDP越來越高的時候，貧富差距卻沒有改善，反而特別是到了一九八〇年後一直惡化。筆者認為，顧志耐的理論過於簡單，只把GDP的增長作為貧富差距的唯一考量。他過於樂觀的認為只要經濟財富累積到某個程度的話，上層財富自然會往下流。在本章節中，筆者嘗試從另外一些角度來解釋國家內部的貧富差距。我們從數據中可以看出，無論是已發展國家還是發展中國家的國家內部，最近都出現了貧富分化的現象。在已發展的西方國家，由於全球化的高速發展，資本家成了最大的贏家。尤其在已發展國家，社會最底層往往因社會福利的關係，購買力也沒有明顯下降。偏偏是發達國家的中產，因資本家去發展中國家投資因而也把工作帶離開了，中產於是變成了大輸家。

在發展中國家，發達國家帶來的資本令社會上層和中產都受惠。資本家帶來的投資慢慢讓發展中國家形成藍領階層，藍領階層的壯大使得經濟蓬勃同時也製造了白領。當民間財富開始累積，而國有企業也一起投資時，社會上層也會慢慢形成。反之，由於發展中國家城市化不如已發展國家高，所謂的中產和上層均為社會的少數。而大部分在農村的農民或底層民眾，沒有嚐到太多全球化的甜頭。另外，發展中國家往往缺乏完善的社會福利體制，使其利益不如發達國家的下層一樣保證購買力。

在這一章我們也證明了貨幣供應的增加如何惡化了國家內部人民之間的貧富差距。許多國家政府為了刺激經濟，保持每年穩定的政府支出，都會選擇用量化寬鬆的發放提高貨幣供應量和流通率。本書抨擊了這種看似有短期作用，但實際上卻揠苗助長地把問題延後到未來的現象。過度量化寬鬆不僅會增加國家的通膨風險和經濟危機的可能性，更重要的是因社會上層往往更早獲得資金，在通膨前進行消費投資，以更低價錢獲得比下層更高的購買力。

但在這次研究對象的三個國家中，我們發現國家的政策仍然對貧富差距擁有很大的影響作用。第一，在稅收和社會福利更高的英國，我們發現相對貧富差距程度較低。第二，高等教育普及性高又或者說高等教育相對便宜的地方，貧富差距也會比較小。最後，國營企業比例較高的經濟體，往往貧富差距也比較嚴重。因社會缺乏對國家和政府的監督，貪污腐化問題比較嚴重，國營企業與政府霸佔經濟資源，領導社會上和政治有關係者獲得更多的財富和資源。

Chapter 4

# 未來狂想

對於未來未知的事情進行預測，是學術界幾百年來的眾多學術大師所熱衷的事情。但時過境遷後，我們回頭再看當年大師們的預測，有一些真的啼笑皆非，錯得離譜。十八世紀末的人口學家托馬斯．馬爾薩斯（Thomas Malthus）的「人口論」（Principle of Population）便是一個例子。他認為這個世界的農產量和各類資源都是有限的，如果不控制人口的增長便會出現資源短缺和貧窮的問題。所以世界各國都有限制人口增長的義務。但是馬爾薩斯沒有想到的是，人的生產力可以隨著科技的發展而不斷提高。在十九世紀的英國，農民人口佔了絕大多數，但依然會出現飢荒（如一八四五年愛爾蘭飢荒）。到了二十一世紀的今天，美國的農民只佔總人口一%左右，卻讓美國成為肥胖症最為嚴重的國家之一。

另一個錯誤的預測是馬克思的「剩餘價值理論」（Theory of Surplus Value）。他認為在資本主義的體制下，資本家之間互相競爭的結果就是使得商品價格越來越低，資本家必須降低價格才能保持競爭力。但是降低價格代表著資本家的利潤也會減少。「萬惡」的資本家為了讓自己的利潤保持在高位，資本家就會壓低工人或者無產階級的薪水。這個就是剩餘價值論。價格不斷地下降，工人薪水也不斷地下降，所以工人永遠是被剝削的。一直到最後，工人階層無法再忍耐，便起來革命推翻資本主義。看起來嚴謹的邏輯，是經得起事實驗證的嗎？

今天我們距馬克思的時代已經一百五十多年，資本主義沒有崩潰。馬克思的剩餘價值論最大的問題是，要獲得競爭優勢除了降價之外還有創新。只要有好的產品和服務，加價又如何？在二〇〇五年前一台Nokia手機不到一百美元，但二〇一七年的蘋果X手機卻要一千美元。馬克思肯定沒想到同樣是手機，蘋果比Nokia卻貴了將近十倍，但依然大賣。按照剩餘價值論蘋果手機這麼貴肯定賣不出去吧。沒有了商品價格在資本主義市場中越來越低的前提，剩餘價值論便不再成立。

其實，每一個時代對未來的預測，是和進行預測的那個時代背景有很大的關係的。馬爾薩斯的時代多次發生飢荒，而馬克思的年代便是工業革命發展最蓬勃的時期，他們根據自己時代的特點對未來進行預測，其實也不毫無道理。

米拉諾維奇（2016）總結了二戰後不同時期對於未來的預測。在一九六〇年代，學術主流對於未來的預測主要如下：世界經濟會被美蘇大國所壟斷控制，製造業會大量套用規模經濟，然後是社會主義會慢慢抬頭，而工人的力量在社會的影響力也會越來越高。很顯然地，這樣的預測也與當時的背景有很大的關係。一九六〇年代正是冷戰的最高峰，西方學術對於蘇聯和社會主義陣營的恐懼便在這些預測中表現出來。很明顯地，大家當時沒有預測到蘇聯會在一九九一年解體然後灰飛煙滅，也沒有預測到在毛澤東死後中國會完全走向另外一條路，從而由弱勢中崛起。

七〇年代其實也很相似。當時，人民最擔心的就是七〇年代的石油危機和資源短缺。當時學術界對於未來都採比較負面的預測，也不會相信世界經濟會一直繁榮下去。當時的學者都認為美蘇兩國非常有可能會為了爭奪資源，而再次引發世界大戰。顯然地，他們也沒有預測到金融市場會在一九九〇年後帶來巨大的財富，而油價一跌再跌。

一九九〇年是一個對西方普世價值和民主政治充滿希望和陽光的時代。隨著蘇聯和東歐的崩潰解體，歐美學者對於自己的政治制度越來越有信心。政治經濟學家法蘭西斯．福山（Francis Fukuyama, 1989 年）在他的著作《歷史之終結與最後一人》（*The End of History and the Last Man*）便認為人類已經找到了最好的政治體系，那就是民主政治。獨裁政治和寡頭政治都已成為歷史並一去不復返。但值得注意的是現在正在崛起的世界大國，它們是民主國家嗎？看一下中國大陸、俄羅斯甚至印度。答案不言而喻。

米拉諾維奇也總結了前人在預測未來時通常會犯的錯誤，並警惕後人不要重蹈覆轍。人們通常都會預測現在我們面對的問題和情況都會延續到未來。其實，過去的歷史是充滿偶然性的。當時的人們其實很難預測到一九二〇年代共產主義在中國的興起，一九七〇年代的石油危機，又或者一九九〇年代的財富爆發。人類連明天的股票是漲是跌都這麼難預測，更遑論世界大勢了。

人們通常小看了黑天鵝出現的威力。例如鄧小平對中國進行的政策大轉彎實施改革開放，蘇聯的忽然土崩瓦解，英國脱歐和川普贏得美國選舉。人們普遍傾向認為，現在的强國，未來也是强國。但事實並非如此。世界上不可能有永遠强大的國家。一九三〇年代納粹德國很强，然後呢？一九五〇年代蘇聯很强，然後呢？現在的美國很强，未來呢？值得我們去思考。

## 4.1 米拉諾維奇曲線與影響貧富不均的因素

在前文中多次提到顧志耐曲線。顧志耐曲線利用其僅僅五十年的數據，並無法解釋一九六〇年後為何全球的貧富不均現象會像十九世紀一樣繼續上升。然而我們無法完全否定顧志耐曲線。其實顧志耐在提出顧志耐曲線的同時，也告訴了後人，在什麼樣的條件下才會產生貧富差距的波動。雖然現今時代已不一樣了，而我們有理由相信未來會影響貧富差距的具體條件，會和現在的條件大同小異。也就是說，全球化進程、科技發展和貨幣供應量，依然會持續影響這個世界的貧富差距。另外，當我們去回顧歷史的時候，會發現其實貧富差距水平在不同的國家，都是有上升有下跌的波動。也許我們把貧富差距放在歷史長河來看的話，會發現上下波動的規律。換言之，貧富差距不會是一條只是上升或者只是下跌的曲線，而是有時上升有時下跌的波浪線。

從第一次工業革命的貧富差距基尼係數上升，到了戰後下跌，然後在一九八〇年後又再上升這樣的趨勢，誰知道過了幾十年又或者是明天，貧富差距又會有什麼樣的自然改善呢？根據顧志耐的理論，影響貧富差距最大的因素就是財富，也就是人均ＧＤＰ。縱觀最近幾百年的歷史，世界的ＧＤＰ大體上是一直上升的。米拉諾維奇（2016）便提出如果貧富差距是不斷波動的話，它在未來的走勢就有可能是如圖28所描述的，像波浪一樣發展。我們的世界

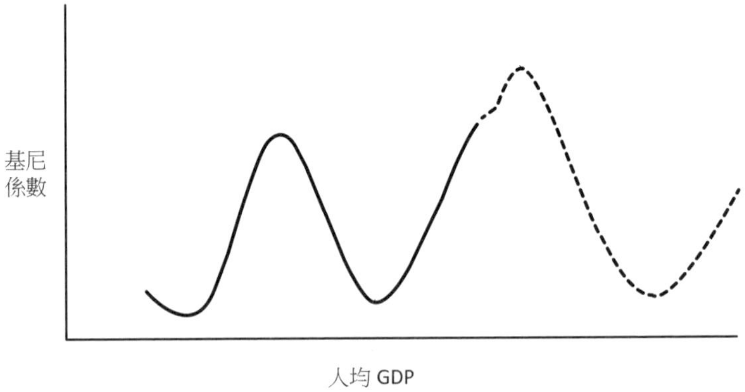


**圖28　全球貧富差距走勢之假設**

Source: Milanovic（2016）

處於貧富差距的惡化期，再過一段時間，只要人均GDP再衝過下一個大關口的話，貧富差距自己又會下降。

根據以上前人所犯過的預測錯誤與預測框架，我們將未來有可能影響全球貧富差距的因素，以圖29的方式進行整理。

一方面，筆者依然以全球化進程、科技發展和貨幣政策，作為影響未來貧富差距大勢的主要因素。另一方面，我們把這些因素分為可預測和不可預測兩類，從而盡量減輕前人忽略黑天鵝的錯誤，增加預測的現實性。

| | 全球化進程 | 科技進步 | 貨幣政策 |
|---|---|---|---|
| **可預測大勢** | 一全球總貿易量<br>一上層社會財富累積 | 一自動化與3D打印技術成熟<br>一人工智慧技術成熟 | 一非國家擔保貨幣之崛起（如比特幣） |
| **不可預測偶然事件** | 一大規模戰爭爆發 | 一 | 一貨幣泡沫破滅引起經濟危機 |

圖29　有可能影響未來貧富差距因數一覽表

## 4.2 未來的全球化進程

前述的內文章節已經證明了全球化是如何影響一九六〇年後的世界貧富差距。雖然在二〇一五年後世界似乎出現了一些反全球化的現象（如英國的脫歐和川普的當選），但在可預見的未來的一段時間裡，全球化的進程在大體上不會停頓，而且依然會繼續影響著貧富差距[33]。

全球化是近五十年財富爆發的主要原因，基本邏輯是多邊貿易能讓各國的「比較優勢」（Comparative Advantage）發揮出來，從而實現雙贏。即使在本書提到的全球化也有黑暗的一面，也會對社會帶來貧富差距惡化的副作用，然而筆者不相信真的會有政黨或國家，為了追求社會公益而放棄經濟增長。即便會有政黨提出反全球化的口號，但如果民眾意識到其後果會是經濟後退的話，相信其成功的機會也會非常小。

另一方面，全球化國與國的貿易接觸，帶來的不一定是和平。一旦貿易利益出現矛盾，其後果也有可能是戰爭。所以，最近幾十年的和平不一定代表將來戰爭一去不復返。

兩岸關係緊張，美國與北韓的軍事對峙，印度種族廝殺帶來的內戰都並非不可想像。全球化令各國的利益關係環環相扣，世界每一個角落發生的事情都會影響著世界另一角落的政治和社會。沒有任何國家沒有任何人可以獨善其身。戰爭的爆發帶來的一方面是人道上的災難，另一方面也可以帶來另一個社會財富的重新分配，使得貧富差距重新洗牌。就如法國大革命令法國貴族階層幾乎不復存在，中國的國共內戰也令大陸的資本家上層階層瞬間消失一樣。

## 4.3 未來的科技發展

十九世紀左派學者所擔心的科技設備和資本投資會代替人力勞動的奇想，到今日為止都沒有發生，相反地我們發現人力勞動和科技發展是有互補關係，如果高端科技人才不足的話才會發生貧富差距拉大的問題。但我們必須注意，這只是到今天為止的情況，隨著萬物互聯（IoT, Internet of Things）和人工智能（AI, Artificial Intelligence）的到來，問題可能就會變得不一樣了。

凱因斯（1936年）表示一旦資本生產要素（Factors of Production Capital）的發展生產力遠高於人力勞動生產要素（Factors of Production Labour）的話，社會便有發生大規模失業的可能。最近幾十年發展中國家的崛起和當地的廉價勞工從而令生產成本下降有很大關係（中國的崛起便是如此）。如果科技發展在未來發展令生產成本迅速下降的話，成本中的人力勞動比例也會降低。這樣就代表以低人力成本作為競爭優勢的生產就佔不到優勢。換言之，由於產生新科技，一個商品到底是越南製造還是日本製造在成本上也不會差多少。如果是這樣的話，資本家依然會選擇在發展中國家進行生產嗎？發展中國家依然能夠如此容易崛起嗎？

筆者目前居住在日本東京，在日本的電器商店、藥妝店或百元店等商店，我發現一直代表品質優良的日本製造（Made in Japan）產品的價格並沒有比中國製造（Made in China）的商品貴出多少。一般來說，廠家選擇在中國進行生產主要看中的是中國廉價的勞工，從而降低生產成本增加競爭優勢。如今日本製造和中國製造產品價格開始靠攏，原因可能有二。一方面，中國的人口紅利已經花完，勞動力開始出現短缺令工人薪水高漲，中國製造的商品的價格也隨著上揚。但更有可能的是，日本的製造業已經開始了自動化的應用。本來必須由人手勞動才能完成的工序，現在越來越多用機器代替便能做到。薪水的比例在成本中越來越少，自然在中國生產的商品的價格優勢，也就越來越不明顯了。如果未來自動化繼續深化，也許中國和現在一些東南亞國家，便會成為人類歷史中最後一群靠低人力勞動薪水推展工業化而崛起致富的國家了。也就是說中國發展模式[34]將會成為歷史，一去不復返。

從人類整體來看，工業革命初期的歷史已經證明，科技在短期間的高速發展會對社會帶來衝擊，並讓貧富差距不斷擴大。雖然由於第三產業的崛起（服務業和金融業等）無須讓人類承受大規模失業的痛苦，但未來是否一樣呢？恐怕下一波的科技發展為人類帶來的刺激會比之前更大，我們即將面對的將不再是短期的陣痛。我認為主要原因有三。第一，科技的進步並不像以前一樣只是在社會一部分中進行發展，而是把新的科技發展成果應用在我們生活中的方方面面。例如十九世紀的科技發展大部分只限制在製造業，而二十世紀的創新大部分也都是運用在如航天科技和生物工程裡，沒有對一般人的生活帶來太大的改變。然而在二十一世紀的今天，互聯網和智慧手機等的新科技日新月異，無時無刻的都在影響我們的行為，甚至是價值觀。

例如以前我們去銀行辦理業務，需要銀行的行員為我們服務，但未來可能所有業務用智能手機便能完成。或者我們去到某個陌生的城市，需要在市內移動，我們需要計程車司機幫我們帶路，但未來可能將會是無人駕駛計程車了。新科技很有可能會無孔不入地進入我們的生活。第二，新科技需要更少的人力勞動來產出同樣的生產力，而更替的速度比之前會快許多。二〇一六年，世界最大的五家公司（Apple, Alphabet, Microsoft, Facebook and Oracle）加起來的市場價值為一萬八千億美元，而二〇〇〇年全球五大的價值只是一萬億，現在比當時高出了近八〇％。但五大公司在二〇一六年的員工只有二〇〇〇年的二〇％[35]。還有一個例子，當年Facebook收購Instagram和WhatsApp的時候，Instagram只有十三名員工而WhatsApp也只有五十三名。最後，新科技的發展速度也是前所未有。如果說科技發展帶來的失業只是短期，人類只需要時間去開發新的工種的話，那這個轉型需要多長時間呢？而科技的發展又是否會給人類足夠的時間去開發新的工種呢？

## 4.4 未來的世界貨幣政策

在之前的章節已經分析了貨幣發行氾濫對社會貧富不均帶來了負面影響。國家政府無論是由於政治需要還是懷著好意的希望刺激經濟，客觀貨幣政治的受益者主要還是上層，並無利於社會的公平發展。另外，貨幣的過度氾濫會增加社會的槓桿風險。我們已經看到無論是中國、美國和日本的民間負債，整體已經超過整個國家一年能創造出來的GDP。打個比方，如果有一個人一年有一百萬新台幣的收入，但是他卻欠別人一百五十萬。換言之，他要不吃不喝一年半才能把錢還清。你覺得這個人有過度負債嗎？如果我們來認真思考一下槓桿又或者是借錢的本質的話，就不難發現這其實是使用未來錢的行為。我們把未來的收入挪到今天來投資和消費，這就是槓桿的本質。可是，以上的這一切都有一個核心貫穿整個問題，這就是貨幣的發行權是被國家政府和中央銀行所壟斷的，並沒有經過人民的授權。換言之，我們人民不就生活在國家政府下，任人魚肉的狀態嗎？

現在貨幣的發行權被壟斷，但未來又會如何呢？其實在二〇一〇年後，對於交易貨幣的未來已經出現了曙光。比特幣（Bitcoin）的出現也許會打破現在貨幣發行被壟斷的現狀。比特幣是一種虛擬貨幣，也就是說它連一張紙都不是，也沒有政府在背後擔保，某個程度上可以說它只是螢幕上的一組數字。它可提供快速、便宜以及隱私的互聯網付款功能。但更重要的是它不是由某一個政府或中央銀行發行的，它的價值不會因為發行量影響。它的數量由一套算法固定，而沒有發行量的影響，使其價值更加客觀的表現市場的供求情況。

也許比特幣的出現不會瞬間讓現有的貨幣體系快速崩潰，但它最近的瘋狂升值的確對貨幣國有化這個固定觀念帶來一定衝擊。在二〇一五年，全球已經有十萬家商戶接受比特幣付款。最有名的便是日本的Bic Camera家電店，也在全日本各家分店接受比特幣付款。在二〇一七年，大約有二百九十萬到五百八十萬使用者使用虛擬貨幣，而大部分均為比特幣。但比特幣的幣值非常不穩定。比特幣從二〇一七年一月不到一千美元，升到二〇一七年十二月第一個星期的一萬五千美元。在之後一個星期甚至升到了一萬七千美元。如此大的升幅一方面令投資者瘋狂，但另一方面也令人懷疑如此大的升幅是否為泡沫。雖然比特幣的構想非常新穎也很有前途，但要讓虛擬貨幣完全代替國家發行的紙幣路途依然很遙遠。

## 4.5 對於貧富不均的預測

我們討論了會影響未來貧富差距的因素與其大勢走向，順著以上的思路讓我們看一下這些因素會對貧富差距帶來具體什麼樣的影響吧。

在前文我們發現世界上各國的GDP差距，在最近幾十年整體上沒有變小，反而是變大。窮國完全沒有跟上富國的發展。筆者認為，在可見的將來我們也看不見世界最窮的國家會有機會翻身。主要原因依然是許多南美和非洲國家依然沒有跡象顯示經濟會在短期內迅速發展。以非洲為例，許多國家雖然受惠於中國大陸的一帶一路政策，但投資風險依然非常高而且不能令其高速發展。這些風險包括政治的不安穩，內戰的隱患，貨幣價值和國內物價的波動，令非洲國家在未來的發展依然寸步難行。某個程度上來説，在二〇一五年爆發的伊波拉危機令世界看到非洲依然處在相對落後的社會發展階段，對於疫情的爆發整個社會包括政府的應對都顯得如此無力，很難想像非洲國家會在未來可見的世界內崛起。

南美其實也類似。自二〇〇三年左派基什內爾（Néstor Carlos Kirchner）當選阿根廷總統後，南美洲許多國家如烏拉圭、玻利維亞、委內瑞拉和巴西等都紛紛開始由左翼把持政局，推行左派經濟政策[36]。這些政策包括最低薪資、社會福利、國營企業以及公共房屋等等。但在二〇一七年委內瑞拉經濟崩潰。僅在十一月一個月內便通貨膨脹五六·七%，二〇一七年全年通貨膨脹為二一〇〇%，其貨幣價值瞬間縮水[37]。歷史再一次證明極端左派經濟學可帶來的災難。

如果未來幾十年真的實現國家之間貧富差距大幅度改善的話，更有可能的應該是西方資本主義和金磚國家的經濟崩潰吧。首先，隨著科技的高速發展和全球貿易自由化在二十世紀不斷深化，在我們經濟的生產總值裡面金融和投機炒賣的成分佔的比例越來越高。舉個例子，在一百年前國家與國家之間依然有壁壘，資產的流動經常會有關稅等的障礙，令資金不能自由流動。另外，要把資金拿到另外一個地方投資，需要把現金或黃金移動到被投資的地方，非常不方便。但是到了二十一世紀的今天，資金和現金不再是同一個概念。如果發現世界有一個地方的獲利率比原來的地方高一點點，在電腦上按即可按鈕，便可把一筆大錢從一個地方轉到另外一個地方。如此一來，我們便不難解釋為何最近幾十年會有資產泡沫化了。資產，特別是房地產，的確不斷升值令許多投資者寧願冒風險借貸，也要把錢投在資本裡面換取財富。

但這樣的現象一旦過分循環，便會出現過度槓桿化（Over-leverage），從而產生泡沫化。金融學家當時用數據告訴人們房地產價格絕對不會崩潰，但問題是金融家所用的數據只有戰後的五十年，並不能代表經濟規律。一旦資金鍊斷裂，借款人無法還錢時，泡沫便會崩潰。一九九一年的日本，二〇〇八年的美國，甚至是現在的中國大陸均是如此。二〇〇八年的經濟危機後，許多大國均以量化寬鬆的方式來挽救經濟。我們在本書前面的部分已經討論過，量化寬鬆本質上也是槓桿。也許在未來資本主義世界還是逃不過因為過度槓桿化所帶來的經濟危機。

現在讓我們來探討一下美英中三國貧富差距的未來。首先是美國，許多評論家在二〇一六年美國大選後都認為川普的當選，也許是美國底層社會對上層精英的反撲。川普在競選時多次提到要重建工業重鎮，把製造業職位從發展中國家帶回美國。有不少美國的藍領希望川普的當選和民粹主義的抬頭，能把美國帶回二戰後的工業繁榮和低貧富差距。

但即便如此，筆者依然認為美國的貧富差距在可見的未來會繼續惡化。我非常懷疑即使川普能把製造業帶回美國，但這些工廠是否會像以前一樣招聘大量的工人呢？美國作為世界第一大科技大國，資本與人力勞動的替代彈性（Elasticity of Substitution）在美國相對也是最高的，也就是說當科技發展每進步一分，相對所需要的人力勞動也會越少。工業中自動化便是一個很好的例子。高替代彈性會令生產成本降低，另一方面會令更多的投資走向資本設備，而不是人力資本。如果這個循環不斷發展延續的話，越來越多的財富會在社會上層的資本家中累積，從而讓少數的富人和多數的窮人之間的差距越來越遠。

這樣的循環發展也會繼續延伸到之後的政治生態發展。當社會中越來越多的財富累積在上層社會的時候，他們自然想利用自己財富去影響政府，從而令政策向自己偏移。到今日為止，已經有許多研究發現，競選的經費多少和到最後是否贏得大選的正相關關係，也就是說某位候選人經費越多，贏得候選人的機會就越大。如果資本家所支持的政治勢力會較容易贏得更多的影響力的話，國家政治也會慢慢右轉而偏移到有利於富人的那一方。這樣推演下去，很難想像美國的貧富差距會出現好轉。

二〇一六年的英國公投使得英國成為了第一離開歐盟的成員國。許多媒體評論都認為這是英國本土主義的崛起，但同時國內也有很多擔心英國進入經濟衰退的聲音。本來，英國國內對於歐盟的主要不滿，是因為全球一體化所帶來的國內階級間的不平等，所以大多數人選擇脫歐。但一旦脫歐後，英國如果出現經濟萎縮或經濟危機的話，即使貧富差距表面上看來會好轉，但經濟危機後資本階級的弱化或消失對於國家經濟會整體而言是否是好事就很難說了。長期來說，這種災難性的倒退有可能使得英國經濟體中的失業率高速上升，到最後砸到自己腳的，有可能就是當時全力支持脫歐的人。

中國的貧富差距非常難預測。一方面，我們可以期待由於中國大陸在改革開放後國力的提升和民間財富的累積，中產階級未來會慢慢崛起。根據西方國家的歷史經驗，倉廩實而知禮節，衣食足而知榮辱。隨著中產的收入，財富和影響力在社會中慢慢壯大，自然就會對政府要求更多的公民權利。這些公民權利包括平等的教育機會、老年保障、社會階梯流動性加大，甚至是政治影響力。正由於中國大陸的經濟發展的階段似乎已經過了路易斯拐點，人力勞動會開始變得稀罕，勞工的薪水也會漸漸提高。中國經濟也許很快便會步美國與日本後塵，明斯基時刻（Minsky

Moment）也許很快便會在中國大陸發生。

正如前文提到中國經濟的很大一部分是靠槓桿和債務支撐的，中國的債務也已超過它全年的GDP。在二〇一七年，我們依然能看到中國經濟能保持六%以上的增長而且資產價值也非常高，但如此龐大的債務始終是一個很大的隱患。一旦實體開始出現問題，現金開始出現周轉不靈需要變賣資產獲取現金時，中國泡沫經濟和有價無市的本質也許就會暴露出來。資產擁有者為了盡快脫手手上資產，恐慌性地紛紛降價。這個時候受到最大打擊的就是資產最多的上層社會。我們也許會在不久的將來看到一個貧富差距縮小的中國。

但另一方面，這個狀況也許不是中國政府願意看到的。到今日為止，中國大陸雖然已經成為世界貿易組織的一員，但依然有許多產業沒有對世界市場甚至是民間企業開放。一些產業如石油化工產業與電信產業等依然被國營企業壟斷。經濟的紅利嚴重向中國政府或與中國政府有關單位傾斜。一九八九年的民主運動給中共政府上了一堂課，令其意識到一個強大的中產對於其統治是一件頭痛的事。除了政府最上層的政策外，政府下層的貪污也是中產崛起的一大障礙。習近平政府上台後大力進行反貪腐運動，但反腐是否有效果，還是只是一場打擊政敵的運動，我們有待觀察。另外，中國政府也有很多預防和對抗經濟崩潰的點子。例如當公司還不了欠下的債務時，國家會擔保讓公司以股權的方式償還給銀行（以股換債）。又例如對地方債務到期時，國家會繼續印鈔票以時間更長的方式讓地方政府不至於崩潰。雖然這樣好像能暫時避免經濟危機的發生，但其實也只是讓雪球越滾越大，延後問題而已。

# 結語
Conclusion

本書總結了從一九六〇年來世界貧富兩極化的根本原因，同時也對未來的世界作出了抽象的預測。在最後我想回到本書一開始柴契爾夫人的那一段故事。一個社會的財富爆發，並不代表新創造財富會讓社會中每一個人獲利一樣多，即使每一個人獲得比之前更多的收入和財富，只要分配不均貧富差距依然有可能被拉大。柴契爾夫人的一句話也許就代表了最近一百多年經濟學家、政治學家和社會學家的一個大糾結。一個國家為政者，最終要的到底是把餅做大，還是把餅平均分給每一個人？顯然這個問題到了二十一世紀的今天，各界依然脣槍舌劍，議論紛紛。有自由論學派認為平等意味著公平地追求財富的權利與機會，也有共產主義者認為平等代表財富與所得必須每個人都要一致，亦有保守派認為貧富差距反而是推動社會經濟進步的動力，只有「讓一部人先富起來」方能達到富國强兵的目的。

雖然筆者對於近幾十年的貧富差距持續拉大持負面態度，也對現狀感到十分不安。但筆者所追求的是一個人們可公平正義地追求財富的社會，而不是追求收入絕對平等的共產主義者。在這個社會中，人民會以自己的能力和努力付出獲得相應的報酬，而不是靠自己的出身等的其他天生因素財力。但同時，我也認為人與人絕對的平等是無可避免的。

**第一**，迪頓（Deaton,2013）認為不平等往往是社會、經濟和技術進步的必然結果。在一個社會高速發展向前進的時候，我們無法保證社會中每一個人均能以同一個速度獲得更多的財富，這時候貧富差距便會產生。一九七九年，中國剛剛結束了文化大革命運動。十年政治的狂熱留下的卻是一貧如洗的人民和滿目瘡痍的社會。在那樣一個許多人連基本温飽都無法解決的時候，鄧小平提出的改革開放政策把經濟發展放在第一位，使一部分人先富起來，從而帶動國家經濟解決基本溫飽問題，無可厚非。但像美國一樣的發達國家，不會有國民溫飽的問題，但其基尼係數卻和中國相差不了多少，如此的貧富懸殊是否有利於美國社會的長期發展利益呢？

**第二**，在本書我們一直都在討論收入上的差距的問題。但不平等豈止只是只有金錢？人脈、權利、社會地位，是否受人尊重，甚至是否長的好看，理論上都會成為不平等的原因。在美國已經有學術研究表示長得好看的人薪水更高，而漂亮帥氣的老師教學品質也比較高。即使是主張絕對平等的共產主義者也認為應該由政府來主導分配，但這樣一來政府不就獲得了權利，與平民產生了不平等嗎？

然而即使不平等不可能完全不存在，這並不代表我們可以無視最近幾十年全球貧富差距的不斷惡化。筆者在撰寫這本書的時候，都會有種強烈的感覺，這個世界上許多為政、高高在上的精英，面對最近幾十年世界大勢與財富爆發，往往表現得過分樂觀甚至短視。政治家往往認為經濟的增長與政府的干預是「有為」和顯赫的政績，在全球化貿易和貨幣供應的議題上的態度更是如此，無視其負面影響。

全球化為中國帶來的經濟發展，並不能讓所有國民享受全球貿易蓬勃帶來的紅利。到了改革開放後四十年後的今天，為了管理這種差距，更提出戶口制度分開管理農村和城市的人口，令底層人民不會成為國家整體發展的絆腳石。全球化也令美國的資本家帶著資本來到發展中國家進行投資，但帶走的並不僅僅是資金也有工作機會。在美國，中產階級的收入增加遠低於社會上層，其基尼係數也不斷上升。二○一六年美國總統大選川普的勝利，也許就是低下階層對當時現狀的一種反撲吧。

量化寬鬆也許會讓國家短期內獲得資金進行消費投資，從而刺激經濟和打擊通貨緊縮。但是其副作用也令整個國家信貸過度和經濟槓桿化，這樣泡沫的風險會不斷的累積，最後發生經濟危機。另一方面，由於獲得新資金的人往往是社會上層，通貨膨脹的時間差讓早得到借貸的人可以擁有更高的購買力，從而產生貧富差距。

筆者深信許多國家都有許多有智慧的政治家，絕對不會不明白以上的政策所產生的副作用。但或許全球化和貨幣政策的利益實在太大，又或許有政治和民意的壓力這些因素，迫使菁英和政治家們基本上無一例外的去忽視這一些副作用，而投身在短期利益的洪流之中。

筆者寫這本書的本意有兩個。第一，希望在位者或有左右國家政策能力的政治家們明白，許多經濟與政治的決定都會有非常負面並且長遠的副作用，而貧富差距的惡化便是其中一個。貧富差距的惡化會令社會中缺乏生產力，同時也會累積社會中的怨氣，並有可能在某個時間點爆發。事實上我們已經開始發現現今全球政治風向已經開始改變，許多國家都出現政治兩極化的狀況。之前許多的歐美國家的政策，其實無法平衡把餅做大和把餅分平均的問題。例如法國前總統歐蘭德（François Hollande）的高稅政策，令許多資本家帶著資本離開法國，總統本身也黯然下台。歐巴馬總統的情況也十分類似。

政府的無能令西方國家許多選民紛紛轉向。一方面，我們發現許多選民會向右翼傾斜，使得民粹主義因而抬頭。英國的脫歐和美國川普的當選便是一例。另外也有選民投向左傾，美國的佔領華爾街，香港的佔領中環和台灣的太陽花運動便是例子。民眾走上街頭，希望推翻政治建制（Establishment）。事實上，社會因政治撕裂，社會底層進行反撲令其捲入戰爭深淵的先例史不絕書，中國的國共內戰和法國大革命便是。有政治智慧的在位者應該好好思考如何不讓歷史重蹈覆轍。第二，我也希望各位能夠明白自身處在社會中的何等位置，到底是國家現行政策與世界大勢的受益者還是受害者？歷史上、社會上層與政府會為了自己的財富和政治利益，會推行一些表面有利但副作用嚴重、短視，並用盡一切辦法矇騙民眾，進行温水煮青蛙（Boiling Frog Effect）的政策。為了自己與社會整體利益，我們有義務利用我們的權利鞭策上層，不要讓社會與國家走進黑暗的深淵。

# 後記
Postscript

筆者自小便對社會中貧富差距現象十分感興趣，其原因我覺得和我讀狄更斯（Charles Dickens）的《雙城記》（*A tale of two cities*）一書很有關係。小說中描述許多關於法國大革命前巴黎城內，貴族如何壓迫和欺負社會低端人民的場景，而這些場景對我歷歷在目。例如書中講述貴族厄弗里蒙地侯爵（Marquis of Evrémonde）騎著馬車橫衝直撞，壓死了一名農民的兒子；侯爵專橫跋扈的態度惹怒了目睹了這一切的父親，他拿出長刀刺死了侯爵。社會中極端的不平等可造成的下層反撲，從這一故事中表現得十分生動。但筆者與狄更斯一樣，不認為社會兩極化只能靠暴力革命去終結。法國大革命後，巴黎陷入了血海，每一天都有貴族或社會上層被清算，就連當時的國王路易十六也被送上了斷頭台。當時不知有多少的民衆失去理性被仇恨沖昏了頭腦，利用所謂自由和正義的名義，對無辜的人進行殺虐。而這樣的例子在歷史中並非唯一。一九五〇年中國大陸的土地改革運動和一九七五年柬埔寨的紅色高棉革命一樣是帶著正義的光環，但民眾盲目地以奪取生命的方式懲罰著許多無辜的人。相反地，筆者認為貧富差距的問題更應該透過改革等相對溫和的方式進行解決。又如狄更斯筆下曾被法國貴族迫害的曼奈特（Dr.Manette）醫生接受舊貴族丹尼（Charles Darnay）成為自己女婿一樣，以人性中的愛與寬容彌補社會中的兩極分化。

但其實拜讀《雙城記》也許只是契機，使我對貧富差距充滿興趣的更深層原因也許和我的背景有關。筆者十二歲便從中國大陸移民荷蘭，實際上當時我和家人可以說是過著社會底層的生活。但荷蘭社會的富裕和完善的福祉制度依然令筆者度過了快樂與富足的童年。事實上，因為有了國家的補助，年輕時候的物質生活並沒有和上層社會有明顯差別。和其他荷蘭的小孩一樣進入普通國中與高中，進入大學學習並且獲得國家的獎學金在國外遊學。在荷蘭從未感受因為華人背景和低收入受到歧視與社會玻璃天花板。當我真正離開荷蘭去其他國家時，才真正體會到童年遇到的一切在其他國家並不是理所當然的。也許正正因為我有這些海外的經歷，才令我認識到一個社會透過政策與制度幫助社會最底層的重要性，從而平衡社會中的不平等與兩極化。這段童年和之後的遊學經歷也許才是我對貧富差距之所以那麼感興趣的深層原因吧。

但我無法否認許多西歐國家包括荷蘭的福祉制度正在退潮中，長年的經濟低迷令福利制度越來越難維持。相反，取而代之的便是更加激進的民粹主義與强人政治。偏偏就是這個歷史的轉捩點，筆者希望透過這本書來强調貧富兩極化的危險性，忠告世人不要讓我們的世界回到歷史的錯誤中去。

# 謝辭

Acknowledgment

我想把此書獻給我的外公楊文光先生。二〇一七年四月，也就是在本書出版的八個月前，外公仙遊。在外公逝世前一個月，已經開始躺在病床上不能走動。當還是還在台灣唸ＭＢＡ的我在得知外公病重的消息後，馬上趕回廣州。在外公最後的日子，我一邊陪伴在病床旁一邊撰寫此書。筆者自有記憶起便一與外公一起生活，直至離開大陸為止共度過十多年的童年時光。

外公是一個有原則而善良的人。記得小時候多次與我提到年輕時面對的世態炎涼與價值觀充斥的社會，百感交集。他說越是在最混亂最痛苦的時候，越要堅持自己的原則，這樣才不會在時代中迷失。亦言，同樣如此方能換來自己安穩且沒有良心譴責的晚年。

外公亦是一個不折不扣的文人，因自小便對文學産生極大興趣，但陰錯陽差，自身卻走上機械製造行業。即使一直在工廠工作，亦會挑燈夜讀。

外公曾對我說，自一九八六年自蜀回粵後的三十年，是他人生閱讀最多的三十年。家中擺著多本中外文學作品，而我亦有耳濡目染，一起閱讀。外公亦自己執筆，作品有三。其中《山海情思》（時報出版）一作亦在台灣出版。外公亦為一個有堅持的人，到九十歲前堅持每天一百個伏地挺身，每天堅持一定的閱讀時間，多年不間斷。引用外公在自傳中的最後一句話，出自《詩經・國風・王風・黍離》：「知我者謂我心憂，不知我者謂我何求」。可以看出外公豁達的人生態度。

台灣大學管理學院副院長陳家麟教授為我的良師益友。陳教授學貫中西，特別在永續營運管理方面特別令我受益良多。筆者與陳家麟教授曾在二〇一七年一月共赴印尼雅加達參加學術交流，期間教授對我言傳身教，對於許多之前從未想過的事情獲得開導與啟發。作為台灣大學Global MBA學生會副會長，任期間我和教授亦多次合作不同專案，和衷共濟。這次出書，我與教授聯繫希望能為我寫推薦序，教授非常爽快地答應了。無限感激。

另外我想感謝我的父母，特別是我的母親楊豫端。自出生以來一直與母親生活在一起，但在二〇一五年我毅然決定離開荷蘭，隻身來到台灣進修，我希望追求自由實現夢想，獨留母親一人在荷蘭生活，母親毫無怨言，無論是精神上還是金錢上均給我最大的幫助，無限感激。借由此書，我想告訴母親，我來台灣的兩年並沒有白白浪費，因為我做到了我之前不可能做到的事情。

筆者完成書稿後，第一個交給我的女友李從綺小姐幫忙給予意見與校對。我因在國外長大，從不用中文寫作。許多中文的表達與語意的調整全靠女友花了許多時間一字一字斟酌，方能完成此作。二人交往二年有餘，期間遇到大大小小麻煩的事情，全靠女友一直在身邊陪伴、一起奮鬥方能度過難關挫折。紙短情長，二人雖暫彼岸相隔，但我不曾忘君之柔情蜜意。

最後我想感謝時報出版的謝翠鈺編輯，外公的書能成功出版全靠謝編輯盡心盡力的幫忙。另外對於這本書，謝編輯也給了我許多意見，才令我能拋開許多固定觀念，文思泉湧，最後完成此作。

# 附錄 Appendix

## 本書內容一覽

| 項目 | 主要內容 |
| --- | --- |
| 本書目的 | 本書主要討論全球各國貧富差距問題。從第一次工業革命後期對於貧富差距的批判和恐懼，到第二次世界大戰結束後大部分西方國家的貧富差距群出現改善趨勢，從而否定其危險性，到近五十年全球化興起貧富差距再度上揚，不同年代、不同學派、不同政治思想對於貧富差距問題的觀點從未一致過。尤其是自一九六〇年後，各國基尼係數不斷上揚，對於其與全球化及科技發展的關係更是爭論不休。本書會聚焦在一九六〇年和二〇一〇年之間數據，並將全球貧富不平等和國內貧富不平等分開分析討論。另外從全球化、科技發展和過量貨幣供應分析其原因。在最後根據分析結果，嘗試抽象預測未來貧富不平等的走勢。 |

| | |
|---|---|
| 學術界眼中的貧富差距 | 在學術界，關於貧富差距的看法百家爭鳴。在十九世紀末工業革命後期，馬克思（Karl Marx）在資本論認為資本主義的發展會急劇惡化貧富不均，而無產階級最後會以暴力方式推翻資產階級，最後結束資本主義。在第二次世界大戰後，顧志耐（Simon Kuznets）觀察了西方各國的貧富不均的數據，最後得出十九世紀嚴重貧富分化一去不復返的結論。他認為在資本主義發展初期只是陣痛，只要國家財富或平均GDP超過某個指標時，貧富差距便會縮小。但二戰後貧富不均的改善並未延續到二十世紀八〇年代，無論是發展中國家還是已發展國家，貧富差距又繼續擴大。皮凱提（Thomas Piketty）在《二十一世紀資本論》一書中提出，貧富差距是資本主義中不可避免的現象。在資本主義中，有資產者投資的回報永遠比平均經濟發展或勞動回報高（「r>g」）。他認為只要政府不干預資本主義發展，貧富差距便會一直惡化。 |
| 政界眼中的貧富差距 | 在政界中關於貧富差距的辯論也是脣槍舌劍、爭論不休。雖然無論是左派還是右派均承認財富分配不均會對經濟和社會帶來的危害， |

但關於解決方法的意見卻南轅北轍。傳統右派堅持小政府和市場機制，認為一定要先讓市場進行運作，然後再用再分配等方式進行調控。但左派卻認為任由市場發展然後分配效果不夠，主張干預市場機制，利用最低薪酬及國營企業等方法實現平等。

## 國與國之間的貧富差距

本書收集了一九六〇年和二〇一〇年的全球基尼數據（Global Gini Coefficient）。一九六〇年後到一九八〇年之間，貧富差距並無大起伏。但在八〇年代後急劇上升至二〇〇〇年，二〇〇〇年後又出現緩和，但離六〇年代的水平相距甚遠。

本書經過數據分析後認為，七〇年代後的全球化進程和貨幣供應增加惡化了全球國與國之間貧富差距（或平均GDP差距）。但科技發展則相反，其幫助了發展中國家的經濟發展。

近十年均有不同的學者認為全球化不僅為世界帶來了更多的財富，而且發展中國家之進步更為明顯，並在追趕已發展的西方國家。但事實是否如此？本書收集了不同國家在一九六〇年之後的平均GDP數據和經濟發展數據，並沒有發現相對貧窮國家的經濟增長明顯比發達國家快。筆者認為支持全球化的學者過度宣揚在全球化中得益國家的成功（而這些國家大部分都在亞洲如中國、印度等），同時忽略了另外的在非洲和南美的貧窮國家。全球化一大例子，便是西方資本家把在先進國家的資本投資在發展中國家，筆者不懷疑能實現雙贏並能增加雙方的財富，但實際上受惠的國家只有（主要在亞洲的）部分國家而已。有許多落後國家完全沒有嚐到甜頭，不進反退。

本書另外也發現國家的經濟發展和貨幣供應有明顯關係。近五十年，相對自身ＧＤＰ而言貨幣供應越高的國家，平均ＧＤＰ越高。理論上，一個國家的經濟實力來自於自身的生產力或總量消費力，而並非貨幣量的多少。利用貨幣量製造出來的財富，來自於未來的生產消費力。如此揠苗助長，是否本末倒置？

最後，本書的數據顯示至少到今天為止，科技並沒有讓富國越富，窮國越窮。在二〇〇〇年後，科技發展更加迅速但國家間的貧富差距有減無加。筆者認為此與科技發展的後者優勢有關。由於科技相對容易被學習和傳承，無需太多時間成本，便能投之使用。

在二〇〇〇年後，中國在電商（E-commerce）和印度在資訊科技發展（IT）便是一大例子。

## 各國國內的貧富差距

本書收集了美國，英國和中國的數據進行了分析。此三國分別代表了世界一大部分人口，也代表了不同的發展階段，不同的財富累積，不同的政治體系，故以此三國作為突破點分析國內貧富差距。

最近五十年，美國的基尼係數一直高於擁有同樣民主政體英國。特別在二〇〇〇年後，收入差距在美國不斷擴大，但英國一直平穩。中國在一九六八年前並無數據，之後十年一直呈現出比資本主義國家低的基尼係數。但在一九七八年鄧小平進行改革開放後，不平等係數一直飆升至接近甚至於超過美國的水平。

本書的數據顯示，在全球一體化的潮流下，已發展國家內的財富分配相對於五十年前更加不均。筆者發現實際上在全球一體化中獲利僅僅是社會上層的資本家，而最大的吃虧者就是所謂的中產。資本家把之前投資在國內的資本拿到發展中國家，從而令本來在已發展國家的工作機會流失。一開始流失只在製造業，之後實在連服務業

[redacted]

亦在流失。中產購買力下降，擁有資本的上層卻更上一層樓，從而加大貧富差距。來自己發展國家的資本對發展中國家帶來了財富和工作機會，但也帶來貧富不均。實際上，像中國等的發展中國家中的人能從全球化中獲利的，一般是社會上層（如政府和國有企業）及住在城市的中產和打工仔。但此必定是少數，大部分國民依然留在農村而且並沒有像城市人一樣享受同樣多的財富增加，故貧富差距加大。另外筆者發現，在美國生活在貧窮線下的國民比例，在一九七〇年後一直不變。一方面美國的ＧＤＰ大幅增加，另一方面貧窮的人並沒有減少。創作出來的財富到底去了哪裡，不言而喻。

另外，雖然本書並不認為最近五十年科技發展也帶來了失業，但這並不代表此沒有加劇貧富差距。一些重複性高而簡單的工作雖然被機器替代，但人類依然可以在第三產業（服務業）中找到新的工作。但現實是，服務業中本身的薪水差距也比本來的製造業大。從而在各國帶來更大的貧富不平等。

最後本書認為各國的貨幣政策擁有巨大問題並不斷加劇各國國內貧富差距，而此問題並沒有獲得相應的重視。在沒有出現紙幣前，古人用黃金等金屬交易，從而保證貨幣價值。在七〇年代前，即使流通紙幣，紙幣的價值也和黃金掛鉤。但自布雷頓森林體系崩潰後，各國貨幣不再和黃金掛鉤，貨幣發行量不再依照黃金儲備而改為虛無抽象的國家信譽。結果便是近幾十年，各國貨幣供應增加而且一個接一個對黃金貶值。貨幣供應增加的直接後果便是通貨膨脹。如果通貨膨脹與薪水／資本回報上升同時出現，貧富差距加大問題不會出現。但事與願違，本書認為諸多已發展和發展中國家的貨幣供應增加直接惡化了貧富差距。在二〇〇八年金融危機後，各國（特別是美國、日本、中國，甚至是以中產作為經濟中流砥柱的歐盟）貨幣均供應量明顯加大。各國政府和央行所發行的新鈔票會以債務（央行借錢予普通銀行）和國債（回收或買回國債）的方式投入市場。換言之，能夠得到債務的都是有資產的社會上層又或者說有錢人，而非社會底層。前文提到，貨幣供應增加通膨隨之增加，但中間過程需要時間。有錢人都透過槓桿得到新的錢，但可以在通膨前進行消費投資；而社會地下層卻必須在通膨後，通過薪水的通膨調整得到新的錢（如果有足夠調整的話，在某些國家薪水調整遠低於通貨膨脹率），故產生貧富差距。

## 未來展望

本書找出了一九六〇年和二〇一〇年間影響全球和國內貧富不平等的主要因素。根據同樣的假設，本書嘗試找出未來的走向。首先，雖然二〇一五年後本土主義和保護主義在全球興起，但筆者並不認為全球化會慢慢降溫。全球化的核心在於分工，根據李嘉圖（Ricardo）關於貿易與比較優勢的理論，只要每一個國家都專注在自己擅長的產業裡，其產能和成本均能最優化從而產出經濟增長。近五十年的財富累積也和國家分工息息相關。一旦反全球化發生，國家分工和貿易便會慢慢減少，之前的經濟繁榮和財富累積非常有可能一去不復返。無論保守主義者多麼地主張本土優先，沒有人會接受經濟衰退。

另外，筆者也對未來的科技技術發展對貧富不平等感到憂心。即使本書並不認為到今天為止的科技發展明顯地造成大範圍失業和貧富差距拉大，但未來發展可能會完全不同。到今日為止，雖然機器代替了一些簡單的重複性高的工作，但人類依然可以在服務業遭到新的職業和收入。但未來可能此邏輯，就不再成立。第一，以前的科技發展都是專注在某些特定的範圍，如生物科技及航天技術等等。

但未來的人工智能和物聯網技術確是可以套在各行各業。各種職業理論上都可以被科技技術代替，例如醫生、司機、會計師、大學教授等等。第二，科技發展之快前所未有。之前，人類的工作主要從農業發展到工業在發展到服務業經歷相當長的時間。但一些學者主張即使新的科技會代替人類現有一部分工作，但人類還是會在未來創造出新的工作與價值，讓人類繼續工作從而不會出現大範圍失業。試問這個轉變會需要多長時間？是否和科技發展一樣快？我想暫時無人能回答。

關於貨幣問題，現在各國的高槓桿情況也許已註定要發生一場新的金融危機，甚至是全球的經濟崩壞。但並非完全沒有曙光。本書認為貨幣國有化是貨幣氾濫的一個現象，原則上也違反了供給需求關係的市場機制。現在在市場出現一款名為比特幣（Bitcoin）的貨幣。此貨幣與國家信譽毫無關係，其供需也完全按照市場機制。雖然在二〇一七年的今天其價值依然不穩定，但相信他日國家主權貨幣崩潰之時，也許就是非國有的比特幣流行之日。

# 參考書籍

[1] Allen,. Robert, 2009,.「Engels' pause: Technical change, capital accumulation, and inequality in the British industrial revolution」. Explorations in Economic History, Elsevier

[2] Bagus, Philipp and Andreas Marquart,. 2015,.「Warum Andere Auf Ihre Kosten Immer Reicher Werden, und Welche Rolle der Staat und unser Papiergeld dabei spielen？」translated by Heliopolis Culture Group Co.Ltd

[3] Bourgiugnon, Francois and Christian Morrisson. 2002.「Inequality among World Citizens: 1820-1992.」American Economic Review 92（4）

[4] Cowan, Tyler 2015.「It' s Not the Inequality; It' s the Immobility」. New York Times「Available at: https:＼＼www.nytimes.com＼2015＼04＼05＼upshot＼its-not-the-inequality-its-the-immobility.html？_r=0

[5] Deaton, Angus .2005.「Measuring Poverty in a Growing World（or Measuring Growth in a

Poor World）.」Review of Economics and Statistics

[6] Deaton, Angus . 2013「The Great Escape and the Origins of Inequality.」Princeton University Press

[7] Ford, Martin,. 2015「Rise of the Robots: Technology and the Threat of a Jobless Future」Translated by Common Wealth Magazine

[8] Friedman, Milton,. 1987,「Quantity Theory of Money」In The New Palgrave: A Dictionary of Economics, edited by John Eatwell, Murray Milgate, and Peter Newman, vol. 4, pp. 3-20. New York: Stockton Press; and London: Macmillan, 1987.

[9] Fukuyama, Francis,. 1989,「The End of History」, The National Interest, Summer

[10] Gerschenkron, Alexander,. 1962. Economic backwardness in historical perspective, a book of essays, Cambridge, Massachusetts: Belknap Press of Harvard University Press.

[11] Gini, Corrado（1912）,.「Variabilità e Mutabilità」Contributo allo Studio delle Distribuzioni e delle Relazioni Statistiche. C. Cuppini, Bologna

[12] Greenwood, Jeremy, 1997「The Third Industrial Revolution: Technology, Productivity and

Income Inequality」American Enterprise Institute（1997）

[13] Harari, Yuval Noah 2017「Homo Deus The Brief History of Tomorrow」

[14] Hileman, Garrick; Rauchs, Michel. "Global Cryptocurrency Benchmarking Study"（PDF）. Cambridge University. Retrieved 14 April 2017.

[15] Katz, Lawrence and Goldin Claudia,. 2010, The race between education and technology, Belknap

[16] Keynes, John Maynard. 1936,. The General Theory of Employment, Interest and Money. New York: Harcourt, Brace and World

[17] Kim, Byoung Soo,. 2012「Measuring Technological Change –Concept, Methods, and Implications」,. Korea Institute of S&T Evaluation and Planning

[18] Kuznets, Simon. 1955.「Growing World Trade: Causes and Consequences」Brookings Papers on Economic Activity. 1:1995,pp.327-377.

[19] Kuznets, Simon.（1958）1965.「Regional Economic Trends and Levels of Living」On Economic Growth and Structure: Selected Essays. New York: W.W.Norton

[20] Lakner, Christoph, and Branko Milanovic. 2013.」Global Income Distribution: From the Fall of the Berlin Wall to the Great Recession.」World Bank, Policy Research Working Paper, no.6719 December

[21] Lin, Yifu, 2013,.「Against the consensus; Reflections on the Great Recession」.

[22] Lindert, Peter and Williamson, Jeffrey (2012).「American Incomes Before And After The Revolution」. National Bureau of Economic Research

[23] Li, Zhankan, 2017 Analysis of income inequality: Globalization, Technological progress and Money Supply

[24] Marx, Karl. 1894, 1991. Capital: A Critique of Political Economy, vol.3. Penguin Classics

[25] Malthus T.R. 1798. An Essay on the Principle of Population. Chapter 1, p 13 in Oxford World's Classics reprint.

[26] Mendershausen, Horst. 1946「Changes in Income Distributoin during the Great Depression」. Studies in Income and Wealth, vol7 New York: National Bureau of Economic Research

[27] Milanovic, Branko, 1998.「Income, Inequality, and Poverty during the Transition from Planned to Market Economy.」Washington, DC World Bank

[28] Milanovic, Branko, 2002a,.「True World Income Distribution: 1988 and 1993: First Caluculations Based on Household Surveys alone」Economic Journal 112（476）: 51-92

[29] Milanovic, Branko, 2002「The two Faces of Globalization: against globalization as we know it」World Development 31（4）: 667-683

[30] Milanovic, Branko 2012a.「Evolution of Global Inequality: From Class to Location, from Proletarians to Migrants.」Global Policy 3（2）: 124-133

[31] Milanovic, Branko 2016.「Global Inequality: A New Approach For The Age of Globalization

[32] Piketty, Thomas. 2001b.「Income Inequality in France 1901-98.」Centre for Economic Policy Research Discussion Paper, no.2876, Juy

[33] Piketty, Thomas. 2014. Capital in the Twenty-First Century. Translated by Arthur Goldhammer. Cambridge, MA: Harvard University Press.

[34] Radner, Daniel and Hinrichs, John（1974）,.「Size Distribution of Income in 1964, 1970

and 1971」. Survey of Current Business 54（10）

[35] Ricardo, David 1817,.「Rise of the Robots: Technology and the Threat of a Jobless Future」,. London: John Murray

[36] Samuelson, PA（2004）,.「Where Ricardo and Mill Rebut and Confirm Arguments of Mainstream Economists Supporting Globalization」,.Journal of Economic Perspective

[37] Tinbergen, Jan 1974,.「Substitution of Graduate by Other Labour」Kyklos, 1974, vol. 27, issue 2, 217-26

[38] Tinbergen, Jan 1975「Income Distribution: Analysis and Policies.」Amsterdam: North Holland

# 圖表一覽

# 註釋

1 Data CEIC,A Euromoney institutional investor company.

2 延伸閱讀：Vroom,V.H.,Management and Motivation,Deci,E.L.,Penguin 1983 (first published 1970).

3 一個簡單的定義：每賺多一元，會增加多少消費。一般而言，MPC是介乎於0至1之間。極端的話，我們可以賺多少，就花多少錢，MPC＝1；我們的消費與收入無關，MPC＝0。http://www.sy-econ.org/macro/macro-consumption-mpc.html.

4 將一個雪球在山上推下去，雪球會越滾越大，直至停止。當你花費$100，別人就收了$100。收了錢的人，亦需要消費，他拿了$100中某部分來消費。如此，又有另一個人收到錢，他又會把收來的錢中某部分拿來消費。當初花的$100，對整個經濟而言，其貢獻多於$100。這多出來的部分，就是支出乘數效果。http://www.sy-econ.org/macro/macro-keynesian-multiplier.html.

5 Piketty, Thomas, 1997,「L'économie des inégalités」中文書名：不平等的經濟學。

6 市場經濟是指大多數生產工具都由私人擁有的經濟制度。在這個制度下，生產和收入分配都大致由市場運作所引導。計劃經濟則剛好相反，生產工具通常都是公有，經濟活動由中央權力機構所控制，生產數量和對生產性企業的物資分配亦由這個機構指定。這兩種制度分別與資本主義和社會主義相對應，是組織經濟生活的基本形式，並經德國社會理論家卡爾．馬克思（Karl Marx）的推廣而廣為人知。http://www.nwcss.edu.hk/subject/LS/%E7%9B%B8%E9%97%9C%E6%A6%82%E5%BF%B5/Market_economy_and_planned_economy.doc

7 勞倫茨曲線研究的是國民收入在國民之間的分配問題。為了研究國民收入在國民之間的分配問題，美國統計學家（或說奧地利統計學家）M．O．勞倫茨（Max Otto Lorenz, 1903-）一九〇七年（或說一九〇五年）提出了著名的勞倫茨曲線。義大利經濟學家基尼在此基礎上定義了基尼係數。http://agris.fao.org/agris-search/search.do?recordID=US2012414215.

8 在正義論中，約翰．羅爾斯主張「自由」和「平等」的原則性調和。其核心包括：提供正義的環境，以及，在此環境中為參與者提供公平選擇的機會。http://homepage.ntu.edu.tw/~hwlin/ppt/introtophilo110610.ppt.

9 滴流經濟學是源於美國的經濟術語，用於描述或諷刺給富人減稅可惠及窮人的主張（如雷根經濟學、供給面學派與自由市場）。該主張認為政府對富人階級減稅與提供經濟上的優待政策，將可改善經濟整體，最終會使社會中的貧困階層人民也得到生活上的改善。該主張反對以徵稅手段來減少社會中的貧富差距，也往往反對對貧窮階層進行社會救助。https://www.thebalance.com/trickle-down-economics-theory-effect-does-it-work-3305572.

10 勞動密集型技術是指投入的活勞動中體力勞動所佔比例比較大、消費較多，而物化勞動消耗較少的勞動密集型產品所應用的技術，如輕紡工業、農業、初級服務業等。

11 關於國與國與人與收入不均的定義。http://www.un.org/sustainabledevelopment/inequality/.

12 胡適：「有幾分證據，說幾分話。有七分證據，不能說八分話。」http://www.chinesewords.org/wisdom/show-211.html.

13 http://heymancenter.org/files/events/milanovic.pdf.

14 Deaton, Angus .2005.「Measuring Poverty in a Growing World (or Measuring Growth in a Poor World).」Review of Economics and Statistics.

15 Milanovic,Branko 2016. "Global Inequality: A New Approach For The Age of Globalization.

16 延伸閱讀關於台灣大學生起薪https://money.udn.com/money/story/8853/2323883.

17 指無需太多專業技能或教育背景的工作。http://www.econ.nyu.edu/user/violante/Books/sbtc_january16.pdf.

18 延伸閱讀關於亞洲電商發展。http://indianonlineseller.com/2015/11/infographic-ecommerce-markets-china-japan-south-korea-how-does-india-compare/.

19 發行貨幣的總供應量＋商業銀行活期存款＋定期存款與活期存款。https://financial-dictionary.thefreedictionary.com/M2.

20 貨幣流通速度是指單位貨幣在一定時期內的周轉或「實現交換」次數。商品實現交換後，一般會退出流通，進入生產或生活消費；而貨幣作為實現商品交換的媒介手段，是處在流通中不斷地為實現商品交換服務。在一定時間內，多種商品交換活動不斷繼起，同一單位貨幣就可以為多次商品交換服務，從而實現多次周轉。

21 量化寬鬆（英語：Quantitative easing，簡稱QE）是一種非常規的貨幣政策，其操作是由一國的貨幣管理機構（通常是中央銀行）通過公開市場操作，以提高實體經濟環境中的貨幣供應量。http://www.bbc.com/news/business-15198789.

22 羅斯福新政（The New Deal）是指一九三三年富蘭克林．羅斯福（Frankin Roosevelt）就任美國總統後所實行的一系列經濟政策，其核心是三個R：救濟（Relief）、復興（Recovery）和改革（Reform），因此有時也被稱為三R新政。救濟主要針對窮人與失業者，復興則是將經濟恢復到正常水準，針對金融系統的改革則試圖預防再次發生大蕭條。http://www.history.com/topics/new-deal.

23 關於美國勞動薪水與全GDP之關係。http://www.nytimes.com/2013/08/10/business/economy/us-companies-thrive-as-workers-fall-behind.html?ref=floydnorris&_r=0

24 勞聯和產聯在川普勝選後的公開聲明。https://aflcio.org/2016/11/29/afl-cios-response-trumps-presidency.

25 大規模生產導致的經濟效益簡稱規模經濟（Economies of scale），是指在一定的產量範圍內，隨著產量的增加，平均成本不斷降低的事實。規模經濟是由於一定的產量範圍內，固定成本可以認為變化不大，那麼新增的產品就可以分擔更多的固定成本，從而使總成本下降。https://www.thebalance.com/economies-of-scale-3305926

26 指發展中國家一般擁有二元化的勞工市場——城市勞工市場和農村勞工市場。前者根據訂單、利潤決定雇用人數，生產效率較高，工資也較高。後者則是多少人都耕種同一塊地，生產率低、收入低，在那裡沒有失業，只有就業不足。經濟起飛時，城市勞工市場吸引農村勞動力，由於兩個市場間人員的流動，城市可以在不需要提高多少工資的情況下，大量增加人力資源，增長由此得以加速。當農村勞動力被耗盡後，城市勞工市場需要大幅增加工資才能請到新的工人，這個時點被稱為路易斯拐點。http://anthonyluisir.tumblr.com/post/68135033300/%E8%B7%AF%E6%98%93%E6%96%AF%E6%8B%90%E9%BB%9Elewis-turning-point.

27 數據來自世界銀行The World Bank。https://data.worldbank.org/indicator/SP.URB.TOTL.IN.ZS.

28 數據來自世界銀行The World Bank。https://data.worldbank.org/indicator/NY.GDP.MKTP.CD.

29 http://macroeconomicanalysis.com/macroeconomics-wikipedia/friedman-rule/

30 機會成本（Opportunity Cost, OC）是指決策過程中面臨多項選擇，當中被放棄而價值最高的選擇（highest-valued option foregone），又稱為「替代性成本（alternative cost）」，就是俗語的「世上沒有免費午餐」、魚與熊掌不可兼得。http://www.econlib.org/library/Enc/

OpportunityCost.html.

31 交易成本（Transaction Cost）是一個經濟學概念，指完成一筆交易時，交易雙方在買賣前後所產生的各種與此交易相關的成本。http://www.econlib.org/library/Enc/OpportunityCost.html.

32 延伸閱讀關於約翰・羅的自閉主張 http://www.economist.com/node/14215012.

33 Milanovic,Branko,1998.「Income, Inequality, and Poverty during the Transition from Planned to Market Economy.」Washington,DC World Bank.

34 以國家干預追求一種免於政治變革的經濟發展的模式。https://www.ft.com/content/6105bd40-15a4-11e5-8e6a-00144feabdc0.

35 http://fortune.com/global500/.

36 簡單來說，極端左派經濟學就是閉關鎖國，計劃經濟和國有企業為特色的經濟模式。

37 http://www.peoplenews.tw/news/9ce05877-ea02-4159-be6d-8b91bb5b0b28

貧富差距的經濟學：一個財富爆發但分配不均的世界 / 李湛侃作 . -- 初版 . -- 臺北市：時報文化, 2018.02
面；　公分 . -- ( 時報悅讀 )
ISBN 978-957-13-7293-8( 平裝 )
1. 經濟學　2. 分配　3. 平等
551.8　106025230

ISBN 978-957-13-7293-8
Printed in Taiwan

時報悅讀 18

# 貧富差距的經濟學

## Analysis of Income Inequality

作者　李湛侃（Joe Zhankan Li）｜主編　王瑤君｜責任編輯　謝翠鈺｜校對　李從綺｜封面設計　林芷伊｜設計排版　李宜芝｜行銷企畫　曾睦涵｜製作總監　蘇清霖｜董事長　趙政岷｜出版者　時報文化出版企業股份有限公司　108019 台北市和平西路三段 240 號 7 樓　發行專線—(02)2306-6842　讀者服務專線—0800-231-705・(02)2304-7103　讀者服務傳真—(02)2304-6858　郵撥—19344724 時報文化出版公司　信箱—10899 臺北華江橋郵局第九九信箱　時報悅讀網—http://www.readingtimes.com.tw｜法律顧問　理律法律事務所　陳長文律師、李念祖律師｜印刷 家佑印刷有限公司｜初版一刷　2018 年 2 月 2 日｜初版二刷　2023 年 10 月 12 日｜定價 新台幣 250 元｜

時報文化出版公司成立於一九七五年，並於一九九九年股票上櫃公開發行，於二〇〇八年脫離中時集團非屬旺中，以「尊重智慧與創意的文化事業」為信念。